Richard Ottinger (Hrsg.)

RELIGIÖSE ELEMENTE IM RUSSISCHEN ANGRIFFSKRIEG GEGEN DIE UKRAINE

Propaganda, Religionspolitik und Seelsorge, 2014–2024

Bibliografische Information der Deutschen Nationalbibliothek

Die Deutsche Nationalbibliothek verzeichnet diese Publikation in der Deutschen Nationalbibliografie; detaillierte bibliografische Daten sind im Internet über http://dnb.d-nb.de abrufbar.

Bibliographic information published by the Deutsche Nationalbibliothek

The Deutsche Nationalbibliothek lists this publication in the Deutsche Nationalbibliografie; detailed bibliographic data are available on the Internet at http://dnb.d-nb.de.

Lektorat: Dr. Hermann Eisele

Dieser Band entstand in Zusammenarbeit mit der Konrad-Adenauer-Stiftung.

ISBN (Print): 978-3-8382-1980-6
ISBN (E-Book [PDF]): 978-3-8382-7980-0
© *ibidem*-Verlag, Hannover • Stuttgart 2025

Leuschnerstraße 40
30457 Hannover
Germany / Deutschland
info@ibidem.eu

Alle Rechte vorbehalten

Das Werk einschließlich aller seiner Teile ist urheberrechtlich geschützt. Jede Verwertung außerhalb der engen Grenzen des Urheberrechtsgesetzes ist ohne Zustimmung des Verlages unzulässig und strafbar. Dies gilt insbesondere für Vervielfältigungen, Übersetzungen, Mikroverfilmungen und elektronische Speicherformen sowie die Einspeicherung und Verarbeitung in elektronischen Systemen.

All rights reserved. No part of this publication may be reproduced, stored in or introduced into a retrieval system, or transmitted, in any form, or by any means (electronic, mechanical, photocopying, recording or otherwise) without the prior written permission of the publisher. Any person who commits any unauthorized act in relation to this publication may be liable to criminal prosecution and civil claims for damages.

Printed in the EU

Soviet and Post-Soviet Politics and Society (SPPS) Vol. 289
ISSN 1614-3515

General Editor: Andreas Umland,
Stockholm Centre for Eastern European Studies, andreas.umland@ui.se

Commissioning Editor: Max Jakob Horstmann,
London, mjh@ibidem.eu

EDITORIAL COMMITTEE*

DOMESTIC & COMPARATIVE POLITICS
Prof. **Ellen Bos**, *Andrássy University of Budapest*
Dr. **Gergana Dimova**, *Florida State University*
Prof. **Heiko Pleines**, *University of Bremen*
Dr. **Sarah Whitmore**, *Oxford Brookes University*
Dr. **Harald Wydra**, *University of Cambridge*

SOCIETY, CLASS & ETHNICITY
Col. **David Glantz**, *"Journal of Slavic Military Studies"*
Dr. **Marlène Laruelle**, *George Washington University*
Dr. **Stephen Shulman**, *Southern Illinois University*
Prof. **Stefan Troebst**, *University of Leipzig*

POLITICAL ECONOMY & PUBLIC POLICY
Prof. **Andreas Goldthau**, *University of Erfurt*
Dr. **Robert Kravchuk**, *University of North Carolina*
Dr. **David Lane**, *University of Cambridge*
Dr. **Carol Leonard**, *University of Oxford*
Dr. **Maria Popova**, *McGill University, Montreal*

FOREIGN POLICY & INTERNATIONAL AFFAIRS
Dr. **Peter Duncan**, *University College London*
Prof. **Andreas Heinemann-Grüder**, *University of Bonn*
Prof. **Gerhard Mangott**, *University of Innsbruck*
Dr. **Diana Schmidt-Pfister**, *University of Konstanz*
Dr. **Lisbeth Tarlow**, *Harvard University, Cambridge*
Dr. **Christian Wipperfürth**, *N-Ost Network, Berlin*
Dr. **William Zimmerman**, *University of Michigan*

HISTORY, CULTURE & THOUGHT
Dr. **Catherine Andreyev**, *University of Oxford*
Prof. **Mark Bassin**, *Södertörn University*
Prof. **Karsten Brüggemann**, *Tallinn University*
Prof. **Alexander Etkind**, *Central European University*
Prof. **Gasan Gusejnov**, *Free University of Berlin*
Prof. **Leonid Luks**, *Catholic University of Eichstaett*
Dr. **Olga Malinova**, *Russian Academy of Sciences*
Dr. **Richard Mole**, *University College London*
Prof. **Andrei Rogatchevski**, *University of Tromsø*
Dr. **Mark Tauger**, *West Virginia University*

ADVISORY BOARD*

Prof. **Dominique Arel**, *University of Ottawa*
Prof. **Jörg Baberowski**, *Humboldt University of Berlin*
Prof. **Margarita Balmaceda**, *Seton Hall University*
Dr. **John Barber**, *University of Cambridge*
Prof. **Timm Beichelt**, *European University Viadrina*
Dr. **Katrin Boeckh**, *University of Munich*
Prof. em. **Archie Brown**, *University of Oxford*
Dr. **Vyacheslav Bryukhovetsky**, *Kyiv-Mohyla Academy*
Prof. **Timothy Colton**, *Harvard University, Cambridge*
Prof. **Paul D'Anieri**, *University of California*
Dr. **Heike Dörrenbächer**, *Friedrich Naumann Foundation*
Dr. **John Dunlop**, *Hoover Institution, Stanford, California*
Dr. **Sabine Fischer**, *SWP, Berlin*
Dr. **Geir Flikke**, *NUPI, Oslo*
Prof. **David Galbreath**, *University of Aberdeen*
Prof. **Frank Golczewski**, *University of Hamburg*
Dr. **Nikolas Gvosdev**, *Naval War College, Newport, RI*
Prof. **Mark von Hagen**, *Arizona State University*
Prof. **Guido Hausmann**, *University of Regensburg*
Prof. **Dale Herspring**, *Kansas State University*
Dr. **Stefani Hoffman**, *Hebrew University of Jerusalem*
Prof. em. **Andrzej Korbonski**, *University of California*
Dr. **Iris Kempe**, *"Caucasus Analytical Digest"*
Prof. **Herbert Küpper**, *Institut für Ostrecht Regensburg*
Prof. **Rainer Lindner**, *University of Konstanz*

Dr. **Luke March**, *University of Edinburgh*
Prof. **Michael McFaul**, *Stanford University, Palo Alto*
Prof. **Birgit Menzel**, *University of Mainz-Germersheim*
Dr. **Alex Pravda**, *University of Oxford*
Dr. **Erik van Ree**, *University of Amsterdam*
Dr. **Joachim Rogall**, *Robert Bosch Foundation Stuttgart*
Prof. **Peter Rutland**, *Wesleyan University, Middletown*
Prof. **Gwendolyn Sasse**, *University of Oxford*
Prof. **Jutta Scherrer**, *EHESS, Paris*
Prof. **Robert Service**, *University of Oxford*
Mr. **James Sherr**, *RIIA Chatham House London*
Dr. **Oxana Shevel**, *Tufts University, Medford*
Prof. **Eberhard Schneider**, *University of Siegen*
Prof. **Olexander Shnyrkov**, *Shevchenko University, Kyiv*
Prof. **Hans-Henning Schröder**, *SWP, Berlin*
Prof. **Yuri Shapoval**, *Ukrainian Academy of Sciences*
Dr. **Lisa Sundstrom**, *University of British Columbia*
Dr. **Philip Walters**, *"Religion, State and Society"*, *Oxford*
Prof. **Zenon Wasyliw**, *Ithaca College, New York State*
Dr. **Lucan Way**, *University of Toronto*
Dr. **Markus Wehner**, *"Frankfurter Allgemeine Zeitung"*
Dr. **Andrew Wilson**, *University College London*
Prof. **Jan Zielonka**, *University of Oxford*
Prof. **Andrei Zorin**, *University of Oxford*

While the Editorial Committee and Advisory Board support the General Editor in the choice and improvement of manuscripts for publication, responsibility for remaining errors and misinterpretations in the series' volumes lies with the books' authors.

Soviet and Post-Soviet Politics and Society (SPPS)
ISSN 1614-3515

Founded in 2004 and refereed since 2007, SPPS makes available affordable English-, German-, and Russian-language studies on the history of the countries of the former Soviet bloc from the late Tsarist period to today. It publishes between 5 and 20 volumes per year and focuses on issues in transitions to and from democracy such as economic crisis, identity formation, civil society development, and constitutional reform in CEE and the NIS. SPPS also aims to highlight so far understudied themes in East European studies such as right-wing radicalism, religious life, higher education, or human rights protection. The authors and titles of all previously published volumes are listed at the end of this book. For a full description of the series and reviews of its books, see www.ibidem-verlag.de/red/spps.

Editorial correspondence & manuscripts should be sent to: Dr. Andreas Umland, Department of Political Science, Kyiv-Mohyla Academy, vul. Voloska 8/5, UA-04070 Kyiv, UKRAINE; andreas.umland@cantab.net

Business correspondence & review copy requests should be sent to: *ibidem* Press, Leuschnerstr. 40, 30457 Hannover, Germany; tel.: +49 511 2622200; fax: +49 511 2622201; spps@ibidem.eu.

Authors, reviewers, referees, and editors for (as well as all other persons sympathetic to) SPPS are invited to join its networks at www.facebook.com/group.php?gid=52638198614 www.linkedin.com/groups?about=&gid=103012 www.xing.com/net/spps-ibidem-verlag/

Recent Volumes

281 *Kateryna Zarembo, Michèle Knodt, Maksym Yakovlyev (eds.)*
Teaching IR in Wartime
Experiences of University Lecturers during Russia's Full-Scale Invasion of Ukraine
ISBN 978-3-8382-1954-7

282 *Oleksiy V. Kresin*
The United Nations General Assembly Resolutions Their Nature and Significance in the Context of the Russian War Against Ukraine
Edited by William E. Butler
ISBN 978-3-8382-1967-7

283 Jakob Hauter
Russlands unbemerkte Invasion
Die Ursachen des Kriegsausbruchs im ukrainischen Donbas im Jahr 2014
Mit einem Vorwort von Hiroaki Kuromiya
ISBN 978-3-8382-2003-1

284 „Alles kann sich ändern"
Letzte Worte politisch Angeklagter vor Gericht in Russland
Herausgegeben von Memorial Deutschland e.V.
ISBN 978-3-8382-1994-3

285 *Nadiya Kiss, Monika Wingender (Eds.)*
Contested Language Diversity in Contemporary Ukraine
National Minorities, Language Biographies, and Linguistic Landscape
ISBN 978-3-8382-1966-0

286 *Richard Ottinger (Ed.)*
Religious Elements in the Russian War of Aggression Against Ukraine
Propaganda, Religious Politics and Pastoral Care, 2014–2024
ISBN 978-3-8382-1981-3

287 *Yuri Radchenko*
Helping in Mass Murders
Auxiliary Police, Indigenous Administration, SD, and the Shoa in the Ukrainian-Russian-Belorussian Borderlands, 1941–43
With forewords by John-Paul Himka and Kai Struve
ISBN 978-3-8382-1878-6

288 *Zsofia Maria Schmidt*
Hungary's System of National Cooperation
Strategies of Framing in Pro-Governmental Media and Public Discourse, 2010–18
With a foreword by Andreas Schmidt-Schweizer
ISBN 978-3-8382-1983-7

Inhalt

Einleitung: Der russische Angriffskrieg gegen die Ukraine: Kein Religionskrieg, aber ein religiöser Krieg
Richard Ottinger 7

Der Kirchenstreit in der Ukraine und die staatliche Religionspolitik: Berechtigte Sorge um die Religionsfreiheit?
Johannes Oeldemann 13

Kriegspropaganda und »*Russki Mir*«: Die russisch-orthodoxe Kirche als Sprachrohr imperialer Ambitionen?
Andreas Heinemann-Grüder 23

Die russische Invasion und die Weltorthodoxie: Geopolitisches Schisma?
Thomas Bremer 33

Jüdisches Leben in Russland und der Ukraine: Paradigmenwechsel seit der Invasion?
Pinchas Goldschmidt 41

Päpstliche Diplomatie für die Ukraine: Naiver Pazifismus oder strategische Neutralität?
Ludwig Ring-Eifel 49

Ukrainische Kirchen und religiöse Gemeinschaften in der Invasion: Übersehene Beiträge?
Vladyslav Zaiets 61

Ukrainische Freikirchen nach der Invasion: Kraft der nationalen Neuerfindung?
Joshua T. Searle und Oleksandr Geychenko 73

Islam und Muslime im russischen Angriffskrieg: Dschihad gegen die Ukraine?
Andreas Jacobs 89

Militärseelsorge an der Front: Theologische Praxis im Grauen des Krieges?
Regina Elsner 99

»*Gerechter Krieg*« und »*Nothilfe*«: Obsolete oder zentrale Kategorien für den Ukraine-Krieg?
Franz-Josef Bormann 111

Danksagung 121

Zu den Beiträgerinnen und Beiträgern 123

Einleitung
Der russische Angriffskrieg gegen die Ukraine: Kein Religionskrieg, aber ein religiöser Krieg

Richard Ottinger

Der Krieg, den Russland seit 2014 gegen die Ukraine führt und mit der Invasion 2022 dramatisch eskalierte, ist kein Religionskrieg. Dennoch spielen religiöse Elemente in Genese und im Verlauf des Krieges eine bemerkenswerte aber oft übersehene Rolle. Vereinzelte Untersuchungen religiöser Facetten des Krieges wurden bereits erarbeitet, eine systematische Übersicht der unterschiedlichen religiösen Aspekte des russischen Angriffskrieges gegen die Ukraine steht hingegen bislang aus. Der vorliegende Sammelband soll diese Forschungslücke schließen und bietet eine interdisziplinäre Bestandsaufnahme.[1]

Der Theologe Johannes Oeldemann richtet seinen Blick im ersten Beitrag auf die Ukraine und macht deutlich, dass der Konflikt mit Russland auch auf religionspolitischer Ebene lange vor der Invasion im Jahr 2022 begann. Mit der Gründung der Orthodoxen Kirche der Ukraine (OKU) gegen die zur Russisch Orthodoxen Kirche (ROK) gehörende Ukrainische Orthodoxe Kirche (UOK) brach im Jahr 2018 ein Kirchenstreit in der Ukraine aus, der bis heute ungelöst ist. Die UOK hat ihre Kritiker, die ihr weiter Loyalität mit Russland vorwerfen, trotz der Distanzierung von Russland und der Verurteilung der Invasion nicht vom Gegenteil überzeugen können. Das Ergebnis dieses anhaltenden Misstrauens wird in einem Gesetzesentwurf deutlich, der ein Verbot religiöser Organisationen vorsieht, deren Zentrum in einem »Aggressorstaat« liegt. Am 20. August 2024 wurde dieser in zweiter Lesung angenommen. Den von internationalen Beobachtern häufig geäußerten Vorwurf einer umfassenden Einschränkung des Menschenrechts auf Religions-

---

1 Die Publikation berücksichtigt die internationale Perspektive und erscheint zeitgleich in englischer Sprache.

und Weltanschauungsfreiheit in der Ukraine verneint Oeldemann, weist aber auf die negativen Folgen der Einmischung des Staates in Kirchenfragen sowie auf die Gefahr für den gesellschaftlichen Zusammenhalt hin.

Der Politikwissenschaftler Andreas Heinemann-Grüder analysiert die Wirkmacht der »Russki-Mir-Ideologie«, die über vom Kreml gesteuerte Netzwerke verbreitet wird. Ziel dieser – bewusst unscharf gehaltenen – religiös induzierten Propaganda ist es, Menschen, die außerhalb Russlands leben, an den russischen Staat und seine Ideologie zu binden. Zusammengehalten werden die verschiedenen Narrative der »Russischen Welt« von anti-westlichen Rechtfertigungen der Invasion und letztlich dem Ziel der Schwächung des Westens durch die aktive Spaltung ihrer Gesellschaften. Die Analyse zeigt die Verbindungen zwischen der ROK und dem Kreml sowie ihre Funktion im Kontext der Verbreitung russischer Propaganda auf.

Der dritte Beitrag betrachtet die Folgen des ukrainischen Kirchenstreits und des russischen Angriffskriegs für die Weltorthodoxie. Aus der Warte der Ökumenik zeigt der Ostkirchenexperte Thomas Bremer, dass die Wirkung des Kirchenkonflikts weit über die Landesgrenzen hinaus zu einer Spaltung der Gesamtheit der orthodoxen christlichen Kirchen geführt hat. Die Bruchlinien in der Bewertung des Kirchenstreits und der Invasion laufen dabei beinahe deckungsgleich, wobei sich die alten Patriarchate (Alexandria, Antiochien, Jerusalem) unterschiedlich positionieren. Mit Blick auf die Kommuniongemeinschaft der Weltorthodoxie fällt der einseitige Austritt der ROK auf. Fast alle anderen orthodoxen Kirchen stehen nach wie vor miteinander in Kommuniongemeinschaft trotz der zum Teil dezidert unterschiedlichen Haltungen zum Krieg. Die Kontextualisierung Bremers macht deutlich, dass die Invasion Russlands Teil einer Aggression ist, die mehrdimensional schon lange vor 2014 bzw. 2022 begann.

Der Oberrabbiner Moskaus im Exil, Pinchas Goldschmidt, bezeichnet den Beginn der russischen Invasion der Ukraine 2022 als das Ende der Renaissance des russischen Judentums. Dieser Paradigmenwechsel für das jüdische Leben in Russland ist von einem explosiven Antisemitismus und in Folge dessen von einem Massenexodus von mehr als einem Drittel aller jüdischen Russen gekennzeichnet. Detailliert beschreibt er die Machtverschiebung zwischen den jüdischen Akteuren in Russland nach Invasionsbeginn sowie die wachsenden Spannungen zwischen Russland und Israel. Diese Entwicklungen stehen im radikalen Gegensatz zu einer Ukraine, die von einem jüdischen Präsidenten regiert wird und in der Menschen jüdischen Glaubens selbstverständlich durch das Menschenrecht auf Religions- und Weltanschauungsfreiheit geschützt sind.

Der Journalist Ludwig Ring-Eifel analysiert in einer Momentaufnahme die Diplomatie des Vatikans im Kontext des Krieges. Er stellt fest, dass der Papst im Gegensatz zu seinen Vorgängern während des Kalten Kriegs nicht als Verbündeter des Westens agiert. Dies führt er darauf zurück, dass Franziskus in Russland keinen weltanschaulichen Gegner zu sehen scheint. War die Sowjetunion vorrangig atheistisch, tritt Russland heute mit Hilfe der ROK offensiv als christlich auf. Anstatt klar den Aggressor zu benennen, betrachtet Franziskus den Krieg mehr aus der Perspektive eines »Weltfriedens-Propheten« und eines »Weltkriegs-Warners«. Ring-Eifel untersucht die Nutzung bzw. Nicht-Nutzung der vatikanischen Infrastruktur durch den Papst und beschreibt die ungewöhnliche Situation, dass vom Pressesprecher bis zum Nuntius in Kiew die Äußerungen des Papstes regelmäßig neu eingeordnet werden müssen. Eine zeitnahe Änderung der Haltung des Papstes scheint laut Ring-Eifel unwahrscheinlich.

Der Rechtswissenschaftler Vladyslav Zaiets gibt im anschließenden Beitrag eine Übersicht der Aktivitäten von häufig übersehenen Religionsgemeinschaften in der Ukraine. Sein Interesse gilt vor allem den Bemühungen der Ukrainisch griechisch-katholischen, der Römisch-katholischen sowie der Evangelischen Kirche und der muslimischen, jüdischen und buddhistischen Gemeinschaften im Land. Er macht deutlich, dass auch die kleineren Religionsgemeinschaften in der Ukraine einen wichtigen Beitrag in der Seelsorge leisten und für den gesellschaftlichen Zusammenhalt einstehen. Sie genießen großes öffentliches Vertrauen und sind international gut vernetzt. Der Beitrag macht außerdem die häufig übersehene religiöse Heterogenität der Ukraine sichtbar und deutet die

Aktivitäten kleinerer Religionsgemeinschaften im Land als integralen Bestandteil der Unterstützungs- und Wiederaufbaubemühungen der Ukraine. Der russische Angriffskrieg wird hier auch als Systemkampf der Religionsfreiheit gegen die Religionsunfreiheit erkennbar.

Dieser Deutung eines Systemkonflikts schließen sich auch die Theologen Joshua T. Searle und Oleksandr Geychenko in ihrem Artikel über die Freikirchen in der Ukraine und Russland an. In der Ukraine können freikirchliche Gemeinden ihren Freiheitsanspruch ausleben, wohingegen sie in Russland eine unterdrückte Minderheit darstellen, die im Gegensatz zur ROK nicht mit dem russischen Nationalbild identifiziert werden. Die Autoren heben die Rolle der ukrainischen Freikirchen bei der Schaffung der neuen nationalen und europäischen Identität der Ukraine hervor. Als Grund für die neue Resonanz in der Öffentlichkeit und den Zuspruch der ukrainischen Bevölkerung benennen sie die genuin freikirchliche Ablehnung von äußerer Kontrolle, die im Kontext des russischen Angriffs eine neue Bedeutung entfaltet. Searle und Geychenko stellen die These auf, dass der Krieg zwischen Russland und der Ukraine auch ein Konflikt zwischen einem selbstbestimmten »öffentlichen Christentum« und einem instrumentalisierten »staatlich geförderten Christentum« darstellt.

Um staatlich geförderte Religion dreht sich auch der Beitrag des Politik- und Islamwissenschaftlers Andreas Jacobs. Er erläutert die außen- und innenpolitische Wirkung der russischen Islampolitik sowie den Beitrag des Islam im Kontext der Invasion. Im Zentrum der russischen Islampolitik steht der tschetschenische Präsident Ramzan Kadyrow. Die von ihm geprägte spezifische Islamauslegung (»Kadyrowismus«) hilft dem Putin-Regime innenpolitische Gegner zu kontrollieren und außenpolitisch analog zur »Russki Mir«-Konzeption auch den Islam als konstitutiv für Russland zu proklamieren sowie Kämpfer für die Front bereitzustellen. Die islamistische und nationalistische Propaganda eint die antiwestlichen Narrative. Gleichzeitig birgt diese Strategie auch Gefahren für Russland, da dieser spezifisch-russische Islam dschihadistische Terroristen provoziert und innermuslimische Rivalitäten schürt.

Die Theologin Regina Elsner vergleicht die ukrainische und russische Militärseelsorge an der Front. Für die Militärseelsorge der Ukraine ist Interreligiosität und Religionsfreiheit entscheidend. Außerdem wird in der Ukraine die Rolle von Seelsorgern und Soldaten klar getrennt, da es Seelsorgern verboten ist an der Waffe zu dienen und die Förderung von Patriotismus nicht zu ihrem Aufgabenfeld gehört. Die Seelsorge Russlands ist dem gegenüber durch eine Kriegstheologie geprägt, in der Religionsfreiheit keine Rolle spielt, die ROK priorisiert wird und der Dienst am Vaterland in Kombination mit ständiger Selbstaufopferung im Mittelpunkt stehen. Elsner arbeitet die strukturellen Unterschiede der Welt- und Menschenbilder der Kriegsgegner heraus und macht in ihrer Analyse die Front zwischen russisch-orthodoxer Imperialismuspropaganda und multireligiöser Unterstützung der Soldaten ersichtlich.

Den Abschluss des vorliegenden Sammelbandes macht der Ethiker Franz-Josef Bormann mit seiner Untersuchung im Konnex der traditionellen Lehre des »Gerechten Krieges« und des russischen Überfalls. Bormann macht deutlich, wie unterkomplex die Gleichsetzung des Christentums mit Pazifismus ist und verweist auf den häufig wiederholten Fehler der Proklamation eines angeblichen Widerspruchs von »ius ad bellum« und der Friedensethik. Ganz im Gegenteil, so Bormann, ist das Leitbild vom gerechten Frieden weder ein Gegensatz noch eine Alternative zur Lehre vom gerechten Krieg. Vielmehr ergänzt ersteres letzteres um Elemente einer gewaltpräventiven Politik. Der häufig an den Westen von außen formulierte Vorwurf der doppelten Standards bei der Adressierung von Konflikten, die in direkter Nachbarschaft stattfinden, lässt sich mit Bormanns Verweis auf die Denkfigur der »ordo caritatis« einordnen. Mit dem hier vorgestellten Unterschied von Notwehr und Nothilfe liefert er ethische Werkzeuge für eine vertiefende Betrachtung der russischen Invasion und der Unterstützung der Angegriffenen.

Die Vielfalt der Beiträge des vorliegenden Sammelbandes zeigt Religion im Kontext von Krieg als Propagandainstrument, Motivationsquelle und Hoffnungsgeber. Die religiösen Elemente im russischen Angriffskrieg gegen die Ukraine stehen damit exemplarisch für die unterschiedlichen Rollen von Religion weltweit. Der Sammelband ist aber auch Hinweis für einen sich kontinuierlich säkularisierenden Westen, der vorrangig die negative Wirkung von Religion betont und Potenziale von Religion zur Befriedung von Gesellschaften und internationalen Beziehungen häufig übersieht oder zumindest unterschätzt. Zu einem Zeitpunkt, in dem sich ein Kurswechsel der US-amerikanischen Ukraine-Politik andeutet und in dem Wolodymyr Selenskyj erstmals öffentlich über die Möglichkeit von Gebietsabtretungen spricht, erscheint es notwendig, über das schöpferische Potenzial von Religion für die Zukunft der Ukraine erneut nachzudenken. Das hohe Ansehen, die Nähe zu den Menschen im Land sowie die Fähigkeit auch existenzielle Themen zu adressieren, machen Kirchen und Religionsgemeinschaften in der Ukraine zu prädestinierten Partnern für das Management einer Waffenruhe und möglicherweise eines post-militärischen Konflikts. Ein institutioneller Startpunkt könnte der 1996 etablierte »Allukrainische Rat der Kirchen und religiösen Organisationen« sein, unter dessen Dach fast alle religiösen Gemeinschaften versammelt sind. Von hier aus könnte die multireligiöse Nachkriegsseelsorge koordiniert und neue Impulse für den transitionalen Wiederaufbau entwickelt werden. In diesem Kontext wäre eventuell auch eine Neubewertung des innerukrainischen Kirchenstreits hilfreich. Mit Blick auf das umfassende Leid, das die russischen Invasoren den Menschen der Ukraine angetan haben und das vermutlich über Generationen hinweg nachwirkt, wäre es unverantwortlich, nicht auf alle Instrumente, Akteure und Möglichkeiten einer nachhaltigen Konfliktregulierung zurückzugreifen. Hierzu gehört nicht zuletzt und ganz besonders auch Religion.

Berlin, den 09. Dezember 2024

Der Kirchenstreit in der Ukraine und die staatliche Religionspolitik
Berechtigte Sorge um die Religionsfreiheit?

Johannes Oeldemann

Die Ukraine war und ist – wie die slawische Wortwurzel des Ländernamens impliziert – ein »Grenzland«: politisch zwischen Ost und West, kirchlich zwischen Konstantinopel, Moskau und Rom. Das zeigt sich einerseits in der wechselnden politischen Zugehörigkeit des Territoriums der heutigen Ukraine, andererseits in einer konfessionellen und religiösen Vielfalt, von der das Land seit Jahrhunderten geprägt ist.[1] Etwa zwei Drittel der Bevölkerung gehören der Orthodoxen Kirche an, doch die Ukraine ist kein »orthodoxes« Land, in dem allein die Orthodoxie die religiöse Landschaft dominiert. Das zeigt sich schon an der Zusammensetzung des »Ukrainischen Rates der Kirchen und religiösen Organisationen«[2], dem nicht nur eine Vielzahl christlicher Kirchen, sondern auch Vertreter des Judentums und des Islams angehören.

Die ukrainische Orthodoxie zwischen Moskau und Konstantinopel

Unmittelbar nach der Unabhängigkeitserklärung der Ukraine und der Auflösung der Sowjetunion kam es innerhalb der Ukrainischen Orthodoxen Kirche zu einer »Los-von-Moskau«-Bewegung, die zur

---

1 Vgl. Boeckh, Katrin / Turij, Oleh (Hg.), Religiöse Pluralität als Faktor des Politischen in der Ukraine, Regensburg 2015; Heyer, Friedrich, Kirchengeschichte der Ukraine im 20. Jahrhundert, Göttingen 2003; Bremer, Thomas, Religion in Ukraine: Historical Background and Present Situation, in: Andrii Krawchuk / Thomas Bremer (eds.), Churches in the Ukrainian Crisis, New York 2016, 3-20.
2 Vgl. UCCRO, »Information about UCCRO« [https://vrciro.org.ua/en/council/info] Abgerufen am 26.07.2024. Zur Bedeutung dieses Rates vgl. Vasyn, Maksym, Ukrainian Council of Churches and Religious Organizations as a Voice for Justice and Humanity during the Russian Invasion, in: Review of Ecumenical Studies 15 (2023), 429-458.

Entstehung mehrerer konkurrierender orthodoxer Kirchenstrukturen führte.[3] Die Ukrainische Autokephale Orthodoxe Kirche (UAOK) und das vom selbst ernannten »Patriarchen« Filaret (Denysenko) geleitete »Kyjiwer Patriarchat« (KP) wurden innerhalb der Gesamtorthodoxie als schismatische Kirchen betrachtet. Nur die zum Moskauer Patriarchat gehörende »Ukrainische Orthodoxe Kirche« (UOK), der 1992 eine weitgehende Autonomie von Moskau zugestanden wurde, war innerorthodox als »kanonische« (legitime) Kirche akzeptiert. An dieser Situation änderte sich rund 25 Jahre lang wenig. Einzelne Gesprächsinitiativen zwischen Vertretern der verschiedenen orthodoxen Jurisdiktionen scheiterten und in Moskau zeigte man wenig Interesse, den »Schismatikern« in irgendeiner Form entgegenzukommen.

Diese Situation änderte sich im Jahr 2018. Ausschlaggebend dafür waren zum einen die politischen Ambitionen des damaligen ukrainischen Präsidenten Petro Poroschenko, der durch sein Eintreten für eine autokephale, von Moskau unabhängige Kirche Rückenwind für seine im Frühjahr 2019 anstehende Wiederwahl erhoffte. Er reiste im April 2018 nach Istanbul, um beim Ökumenischen Patriarchat – unterstützt durch einen entsprechenden Parlamentsbeschluss – für die Autokephalie der Orthodoxen Kirche in der Ukraine zu werben. Dass Poroschenko, im Gegensatz zu früheren ukrainischen Präsidenten, in Konstantinopel auf offene Ohren stieß, hat mit bestimmten kirchenpolitischen Motiven zu tun, die der zweite ausschlaggebende Faktor waren. Das Patriarchat von Konstantinopel wollte seine Führungsrolle innerhalb der Gesamtorthodoxie unterstreichen und dies durch die Überwindung des langjährigen innerukrainischen Schismas demonstrieren.[4] Ein wichtiger psychologischer Faktor war in diesem Zusammenhang

---

3 Vgl. Denysenko, Nicholas, The Orthodox Church in Ukraine. A Century of Separation, DeKalb/IL 2018.
4 Zur Position des Patriarchats von Konstantinopel im ukrainischen Kirchenstreit vgl. Sotiropoulos, Evagelos (ed.), »The Ecumenical Patriarchate and Ukraine Autocephaly. Historical, Canonical, and Pastoral Perspectives« (May 2019) [https://archons.org/wp-content/uploads/files/attachments/6974120_50321 96.pdf] Abgerufen am 26.07.2024.

die Tatsache, dass das Moskauer Patriarchat zwei Jahre zuvor kurzfristig seine Teilnahme an der »Heiligen und Großen Synode« der Orthodoxen Kirche auf Kreta (Juni 2016) abgesagt hatte, die ein Herzensanliegen des Ökumenischen Patriarchen Bartholomaios war. Nach dieser Enttäuschung war er nicht mehr gewillt, Rücksicht auf Moskau zu nehmen, und suchte eine Lösung der ukrainischen Kirchenfrage ohne Absprache mit dem Moskauer Patriarchen.

Die ursprüngliche Intention Konstantinopels war, die drei konkurrierenden orthodoxen Kirchenstrukturen in der Ukraine in einer Kirche wieder zu vereinen und dieser dann die Autokephalie (kirchliche Selbstständigkeit) zu verleihen.[5] Grundlage dieser Initiative war die Hoffnung, dass die in Aussicht gestellte Autokephalie für alle Beteiligten so attraktiv sein würde, dass sie ihre internen Streitigkeiten zurückstellen würden, um dieses Ziel zu erreichen. Doch die Hoffnung erfüllte sich nicht. Zu dem am 15. Dezember 2018 in der historischen Sophienkathedrale in Kyjiw einberufenen »Vereinigungskonzil« kamen zwar alle Bischöfe der UAOK und des KP, aber nur zwei Bischöfe der UOK. Alle anderen Bischöfe der UOK blieben dem Konzil fern. Dennoch entschloss sich Patriarch Bartholomaios, dem Oberhaupt der auf dem Konzil neu gegründeten »Orthodoxen Kirche der Ukraine«, Metropolit Epifanij (Dumenko), am 6. Januar 2019 den »Tomos« (Urkunde) der Autokephalie zu überreichen.[6] Seither gibt es in der Ukraine zwei konkurrierende orthodoxe Kirchenstrukturen: die »Orthodoxe Kirche der Ukraine« (OKU) unter der Leitung von Metropolit Epifanij, die in Gemeinschaft mit dem Patriarchat von Konstantinopel steht, und die »Uk-

---

5   Zum Hintergrund vgl. Elsner, Regina, Autokephalie der ukrainischen Orthodoxie. Die Politisierung der Kirchen im postsowjetischen Raum, in: Marco Besl / Simone Oelke (Hg.), Politische Macht und orthodoxer Glaube. Beziehungen zwischen Politik und Religion in Osteuropa, Regensburg 2023, 53-68.
6   Zu diesen Ereignissen und den Motiven der Beteiligten vgl. Oeldemann, Johannes, Orthodoxe Kirchen in der Ukraine. Zum Spannungsfeld zwischen Konstantinopel und Moskau, in: Stimmen der Zeit 237 (2019) H. 4, 279-294.

rainische Orthodoxe Kirche« (UOK) unter der Leitung von Metropolit Onufrij (Berezovskij), die bis Mai 2022 dem Patriarchat von Moskau unterstand.[7]

Die übrigen orthodoxen Kirchen beobachteten den sich verschärfenden Streit zwischen Konstantinopel und Moskau größtenteils mit Zurückhaltung und versuchten, eine eindeutige Positionierung zu vermeiden.[8] Die neu gegründete OKU wurde bislang nur von vier orthodoxen Kirchen (Konstantinopel, Alexandrien, Zypern, Griechenland), die von Bischöfen aus dem griechischen Kulturraum geleitet werden, offiziell anerkannt. Bischöfe aus diesen Kirchen, die mit Bischöfen der OKU konzelebrierten, wurden vom Moskauer Patriarchat mit Sanktionen belegt. Am deutlichsten zeigt sich dieser Konflikt auf dem afrikanischen Kontinent, wo das Moskauer Patriarchat begonnen hat, parallele Strukturen zum Patriarchat von Alexandrien aufzubauen, als dessen »kanonisches Territorium«[9] Afrika bislang unwidersprochen galt.

Der Kirchenstreit in der Ukraine

In der Ukraine selbst kam es in den ersten Wochen nach der Verleihung der Autokephalie an die OKU zu Übertritten orthodoxer Gemeinden von der UOK zur OKU, die offensichtlich von ukrainisch-national gesinnten Kräften unterstützt wurden. So wurde mehrfach berichtet, dass zu Gemeindeversammlungen, auf denen eine Entscheidung über die Zugehörigkeit der Gemeinde getroffen werden sollte, unerwartet und offenbar organisiert größere Gruppen von

---

7   Zur Einschätzung dieser Situation vgl. Bremer, Thomas / Senyk, Sophia, The Current Ecclesial Situation in Ukraine: Critical Remarks, in: St. Vladimir's Theological Quarterly 63 (2019) 27-58.
8   Zu den Auswirkungen des ukrainischen Kirchenstreits auf die Gesamtorthodoxie vgl. Bremer, Thomas / Brüning, Alfons / Kizenko, Nadieszda (Hg.), Orthodoxy in Two Manifestations? The Conflict in Ukraine as Expression of a Fault Line in World Orthodoxy, Berlin 2022.
9   Zum Begriff des »kanonischen Territoriums« vgl. Oeldemann, Johannes, Canonical Territory: A New Paradigm of Orthodox Ecclesiology with Ancient Roots, in: Edward G. Farrugia / Zeljko Paša (Hg.), Autocephaly: Coming of Age in Communion. Historical, Canonical, Liturgical, and Theological Studies, Rom 2023 (OCA 314-315), 1159-1190.

Menschen kamen, die vorher nicht am religiösen Leben der Gemeinde teilgenommen hatten. Sie sorgten dafür, dass die Gemeindeversammlung mehrheitlich für den Wechsel zur OKU stimmte. Infolgedessen wurden die Schlüssel für die Kirche an einen Vertreter dieser Kirche übergeben, während der Priester der UOK die Liturgie fortan mit den regelmäßigen Gottesdienstbesuchern im Pfarrhaus oder an anderen Orten wie einer Garage feiern musste. Obwohl auf diese Weise eine dreistellige Zahl von Gemeinden die Jurisdiktion wechselte, war es angesichts von mehr als 12.000 Gemeinden der UOK in der gesamten Ukraine keine Massenbewegung von der »alten« zur »neuen« Orthodoxen Kirche in der Ukraine. Mit dem Amtsantritt von Präsident Wolodymyr Selenskyj endete zunächst die politische Unterstützung für diesen Wechsel von Gemeinden, so dass die Zahl der Übertritte in der zweiten Jahreshälfte 2019 deutlich zurückging.[10] Auf der Ebene der Priesterschaft gab es verschiedene Versuche, einen Dialog zwischen beiden orthodoxen Kirchen in der Ukraine zu initiieren, der jedoch scheiterte.[11]

Die groß angelegte Invasion russischer Truppen in die Ukraine ab dem 24. Februar 2022 führte auch zu einer neuen Dynamik im ukrainischen Kirchenstreit – mit gegenläufigen Tendenzen in der kirchenpolitischen Ausrichtung der orthodoxen Bischöfe und den religionspolitischen Aktivitäten der politischen Machthaber. Die ursprünglich mit Moskau verbundene UOK zählt zu den von der Invasion am stärksten betroffenen Kirchen, weil sie im Osten der Ukraine stärker verbreitet ist als im Westen. Allein im ersten Jahr der russischen Invasion wurden mehr als 200 Kirchengebäude der UOK zerstört[12], obwohl einer der vorgeblichen Gründe Moskaus für die Invasion der Schutz der »russischen« Gläubigen in der

---

10 Zu den Entwicklungen von 2019 bis 2022 vgl. das Dossier des Forums RGOW zur ukrainischen Orthodoxie »Von der Gründung der OKU bis zum Angriffskrieg« [https://rgow.eu/zeitschrift/themendossiers/ukrainische-orthodoxie-von-der-gruendung-der-oku-bis-zum-angriffskrieg] Abgerufen am 26.07.2024.
11 Vgl. Dudchenko, Andriy, An Unofficial UOC-OCU Dialogue as a Grassroots Initiative for Reconciliation of the Orthodoxy in Ukraine, in: Review of Ecumenical Studies 15 (2023) 563-571.
12 Vgl. den Bericht Ziuzina, Anna Mariya Basauri u.a. »Religion on Fire« [https://www.mar.in.ua/wp-content/uploads/2023/04/Religion-on-Fire-report-2023-

Ukraine war. Das Oberhaupt der UOK, Metropolit Onufrij, äußerte sich bereits am 24. Februar 2022, dem ersten Tag der Invasion, kritisch zum Angriff Moskaus und rief zur Verteidigung der Ukraine auf. Drei Monate nach Beginn des Angriffskrieges erklärte am 27. Mai 2022 ein kurzfristig einberufenes Konzil der UOK die »vollständige Unabhängigkeit« der Ukrainischen Orthodoxen Kirche von Moskau und strich alle Bezüge zum Moskauer Patriarchat aus der Satzung der Kirche.[13] Der kanonische Status der UOK ist seither ungeklärt: Einerseits vermeidet die UOK, sich selbst für »autokephal« zu erklären, weil dies vermutlich weder von Moskau noch von Konstantinopel anerkannt würde. Andererseits verhält sich die Hierarchie der Kirche in vielen Belangen so, wie es einer autokephalen Kirche entspricht: Das Oberhaupt der Kirche wird in allen Gottesdiensten im Hochgebet erwähnt, Metropolit Onufrij hat das Myron (Salböl) selbst geweiht und die UOK gründet eigene Gemeinden im Ausland, vor allem um die zahlreichen Flüchtlinge aus der Ukraine seelsorglich zu betreuen.

Die staatliche Religionspolitik und die Frage der Religionsfreiheit

Trotz dieser deutlichen Distanzierung vom Moskauer Patriarchat und der russischen Religionspolitik wird der UOK von staatlicher Seite vorgeworfen, weiterhin mit Moskau in Verbindung zu stehen und die »geistliche Souveränität« der Ukraine zu untergraben.[14] Einige Repräsentanten der UOK wurden in Prozessen der Kollabora-

---

ENG.pdf] Abgerufen am 26.07.2024. Zur Bedeutung dieses Berichts vgl. Ziuzina, Anna Mariya Basauri u.a., The Impact of War on Christian Communities in Ukraine (Based on Materials from the Religion on Fire Project), in: Review of Ecumenical Studies 15 (2023) 405-428.

13 Vgl. Die Kirchen und der Krieg in der Ukraine (Chronik), in: Orthodoxes Forum 36 (2022) 143-158.

14 Vgl. Koshkina, Sonya, Ukrainian Orthodoxy after the Start of Russia's Great War against Ukraine, in: Review of Ecumenical Studies 15 (2023) 550-562.

tion mit Moskau beschuldigt und zum Teil auch zu Haftstrafen verurteilt.[15] Präsident Selenskyj hat seine anfängliche Neutralität in Religionsfragen aufgegeben und äußert sich ebenfalls kritisch gegenüber der UOK. Das hat lokale Politiker darin bestärkt, ihrerseits verschärft gegen die UOK vorzugehen und den Übertritt von Gemeinden und die Übergabe von Kirchengebäuden von der UOK zur OKU zu fördern. Ein besonders symbolträchtiger Ort ist in diesem Zusammenhang das Kyjiwer Höhlenkloster, das als spirituelles Zentrum der ukrainischen Orthodoxie gilt. Die Gebäude des Höhlenklosters, das den Ehrentitel einer »Lavra« (Großkloster) trägt, gehören seit der Sowjetzeit dem Staat, waren aber seit der Unabhängigkeit der Ukraine der UOK zur Nutzung überlassen. Die staatliche Museumsverwaltung kündigte Anfang März 2023 den Nutzungsvertrag für die Lavra und stellte zunächst die große Kathedrale in der »oberen Lavra« der OKU für Gottesdienste zur Verfügung. Zu heftigeren Auseinandersetzungen kam es um die Gebäude der »unteren Lavra«, in der nicht nur die Mönche des Höhlenklosters leben, sondern auch die Kirchenverwaltung und theologische Ausbildungsstätten (Seminar und Akademie) der UOK untergebracht sind. Aufgebrachte Gläubige verhinderten die von staatlicher Seite geforderte Übergabe der Gebäude.[16] Die Geistliche Akademie ist inzwischen in ein anderes Kloster umgezogen, während die Mönche weiterhin im Höhlenkloster leben. Trotz massiven politischen Drucks trat von den Mönchen nur ein einziger zur OKU über, der daraufhin von der Kirchenleitung gleich zum Archimandriten (Oberhaupt des Klosters) ernannt wurde.

Während der symbolträchtige Streit um das Höhlenkloster rasch Aufmerksamkeit in den internationalen Medien fand, wurde ein vom ukrainischen Parlament beratenes Gesetzesprojekt, das langfristig eine viel größere Bedrohung für die UOK darstellt, weitgehend nur in Fachkreisen wahrgenommen. Der Gesetzesentwurf,

---

15 Vgl. »UOK-Bischof zu Haftstrafe verurteilt« [https://noek.info/nachrichten/osteuropa/ukraine/3018-ukraine-uok-bischof-zu-haftstrafe-verurteilt] Abgerufen am 21.11.2024.
16 Zur Einordnung vgl. Denysenko, Nicholas, »Drama at the Lavra: What's at Stake?« [https://publicorthodoxy.org/2023/04/10/drama-at-the-lavra/#more-12287] Abgerufen am 26.07.2024.

der im parlamentarischen Beratungsverfahren die Nummer 8371 trug, sieht ein Verbot religiöser Organisationen vor, deren Zentrum in einem »Aggressorstaat« liegt. Er wurde im Oktober 2023 in erster Lesung von der »Rada«, dem ukrainischen Parlament, beraten. Die UOK, auf deren Verbot das Gesetz zielt, hat dagegen juristischen Beistand bei der international tätigen Anwaltskanzlei Amsterdam & Partners gesucht. Das hat dazu geführt, dass die Überarbeitung des Gesetzes immer wieder verzögert und seine zweite Lesung im Parlament mehrfach verschoben wurde. Aus dem Gesetzesentwurf wurde im Laufe der Zeit ein umfangreiches Konvolut, das – in einer vergleichenden Darstellung der verschiedenen Fassungen – 916 Seiten umfasst.[17] Vertreter der UOK warnten davor, dass eine Verabschiedung des Gesetzes die Religionsfreiheit in der Ukraine massiv einschränken würde. Dieser Argumentation schlossen sich westliche Beobachter zum Teil an, machten aber zugleich darauf aufmerksam, dass die Religionsfreiheit in den von Russland besetzten Gebieten der Ukraine viel stärker gefährdet sei als in der gesamten Ukraine.[18] Dort zählt dann allerdings nicht die UOK, sondern die OKU zu den von staatlicher (in diesem Fall: russischer) Seite unterdrückten Kirchen.

Trotz der internationalen Kritik nahm das ukrainische Parlament den Gesetzesentwurf am 20. August 2024 in zweiter Lesung an. Nur vier Tage später, am ukrainischen Unabhängigkeitstag (24. August) wurde es von Präsident Selenskyj unterzeichnet und trat 30 Tage danach in Kraft. Das Datum der Unterzeichnung unterstreicht die hohe symbolische Bedeutung dieses Gesetzes als Zeichen der Unabhängigkeit von Moskau auch im religiösen Bereich. Das Gesetz bedeutet kein direktes »Verbot« der UOK, denn ein solches wäre juristisch kaum umsetzbar, weil die UOK nicht als Kirche insgesamt verboten werden kann, sondern dies für jede einzelne

---

17 Vgl. die Analysen von Peter Anderson vom 21.01., 06.03., 13.05. und 22.07.2024 [https://www.unifr.ch/orthodoxia/de/dokumentation/anderson/] Abgerufen am 26.07.2024.
18 Vgl. zum Beispiel die Stellungnahme der Kirche von England: Church of England, General Synod, The War in Ukraine and the Challenge to International Order (February 2024), No. 15-21 [https://www.churchofengland.org/sites/d efault/files/2024-02/gs-2348-war-in-ukraine-final-final.pdf] Abgerufen am 12.10.2024.

Gemeinde und jede Diözese in einem gesonderten juristischen Verfahren erfolgen müsste. Das verabschiedete Gesetz, das nun die Nr. 3894 trägt und unter der Überschrift »Zum Schutz der Verfassungsordnung im Bereich der Aktivitäten religiöser Organisationen«[19] steht, sieht eine Übergangsfrist von neun Monaten vor, die es den Gemeinden und Diözesen der UOK ermöglichen soll, sich in dieser Zeit vom Moskauer Patriarchat loszusagen. Wenn sie sich nicht in ein kirchliches Niemandsland (in theologischer Terminologie: in ein Schisma) begeben wollen, sind sie damit praktisch gezwungen, sich der OKU anzuschließen. Das Gesetz gefährdet damit vielleicht nicht die Religionsfreiheit in der Ukraine insgesamt, belegt aber, dass die staatliche Religionspolitik sich massiv in kirchliche Fragen einmischt und versucht, die OKU zu stärken und die UOK zu schwächen. Damit vertieft der Staat die Spaltung zwischen den beiden orthodoxen Kirchen in der Ukraine und gefährdet den gesellschaftlichen Zusammenhalt, der angesichts der russischen Aggression wichtiger ist als je zuvor.

Fazit

Der ukrainische Kirchenstreit basiert auf einem Konglomerat kirchenpolitischer Motive und staatlicher Interessen, das für alle Beteiligten langfristig kontraproduktiv sein dürfte. Auslösender Faktor war der mit der Idee der »russischen Welt« verbundene Anspruch des Moskauer Patriarchats, dass die Ukraine zu seinem »kanonischen Territorium« gehört. Hinter dieser Haltung Moskaus steht letztlich die vom Byzantinischen Reich übernommene Idee der »Symphonie« von Staat und Kirche. Dieses Modell ist durch die Befürwortung des russischen Angriffskrieges durch die Kirchenführung in Moskau diskreditiert.[20] Doch der dahinterstehende Gedanke einer engen Kooperation von Staat und Kirche ist auch im Patriarchat von Konstantinopel noch lebendig, wie der Prozess zur

---

19 Vgl. die offizielle Fassung des Gesetzestextes: [https://zakon.rada.gov.ua/laws/show/3894-20#Text] Abgerufen am 12.10.2024.
20 Vgl. Oeldemann, Johannes, Towards an End of the ‚Byzantine' Model? Church and State in the Orthodox World in the Light of the War in Ukraine, in: One in Christ 56 (2022) 44-65.

Verleihung der Autokephalie an die »Orthodoxe Kirche der Ukraine« zeigt. Schließlich folgt auch der ukrainische Staat mit seiner klaren Präferenz für die OKU und den gegen die UOK gerichteten Aktivitäten dem überkommenen Muster der Beziehungen zwischen Staat und Kirche im orthodoxen Raum.

Der Streit um die Orthodoxe Kirche in der Ukraine wird daher auf absehbare Zeit kein Ende finden. Denn in der Situation des Krieges versuchen sowohl Russland als auch die Ukraine die religiösen Kräfte in der Gesellschaft in ihrem Sinne zu vereinnahmen. Religion im Allgemeinen und die Orthodoxe Kirche im Besonderen werden auf diese Weise instrumentalisiert und aus Sicht vieler Gläubiger delegitimiert. Welche langfristigen Auswirkungen das auf die religiöse Landschaft in der Ukraine haben wird, ist derzeit noch nicht absehbar. Es steht jedoch zu befürchten, dass die prägende und spirituelle Kraft der Kirchen durch die Politisierung der Religion Schaden erleiden wird. Zukunftsweisend wäre eine Neudefinition der Beziehungen von Staat und Kirche (nicht nur) in der Ukraine, damit die Orthodoxe Kirche in einem religiös und weltanschaulich pluralen Staat, wie es die Ukraine historisch ist, ihre gesellschaftlich anerkannte Rolle finden kann.

Kriegspropaganda und »*Russki Mir*«
Die russisch-orthodoxe Kirche als Sprachrohr imperialer Ambitionen?

Andreas Heinemann-Grüder

Der Begriff »Russische Welt« bezeichnet eine obskure, aber deshalb nicht weniger wirkmächtige Ideologie (»soft power« bzw. »sharp power« = scharfe Macht) und zugleich die »hard power« zu ihrer Verbreitung, nämlich vom Kreml gesteuerte Netzwerke, um Menschen, die jenseits von Russland leben, an den russischen Staat und seine Ideologie zu binden. Die »Russische Welt« strebt eine »panrussische« Vereinigung von Russland, Belarus und der Ukraine zu einem Staat sowie eine Ausweitung des russischen Einflusses in Ländern mit einer namhaften russischsprachigen Bevölkerung an, darunter in den baltischen Staaten und in Deutschland.[1] Die »Russische Welt« behauptet eine eigenständige Zivilisation, die auf gemeinsamer Herkunft, Religion und historischem Erbe beruhe. Das Putin-Regime hat diese schon ältere Idee wiederbelebt und ihre Propaganda mit einer Mischung aus antiwestlichen Feindbildern, orthodoxen Dogmen, Opfernarrativen, Verschwörungstheorien und dem Mythos vom starken Staat angereichert.

Das Konzept der »Russischen Welt« umfasst drei Dimensionen: (1) strategische Narrative, um ein Publikum, insbesondere in Europa zu gewinnen, sowie Rechtfertigungen des Krieges gegen die Ukraine, (2) Ressentiments, emotionale Appelle und Identifikationsangebote sowie (3) die Institutionen, Ressourcen und Medien

---

1 Vgl. Tiškov, Valerij A., Russkij mir. Rossijskij narod: istorija i smysl nacionalnogo samosoznanija, Moskau 2013; Suslov, Mikhail, »Russian World« Concept: Post-Soviet Geopolitical Ideology and the Logic of »Spheres of Influence«, in: Geopolitics, 23:2 (2018), 330-353 Laruelle, Marlene, The »Russian World«: Russia's Soft Power and Geopolitical Imagination, Washington D.C 2015; Batanova, Ol'ga N., Russkij mir i problemy ego formirovanija v sovremmeych uslovijach, Moskau 2009; Eltchaninoff, Michel, In Putins Kopf. Logik und Willkür eines Autokraten, Bonn 2022; Bluhm, Katharina: Russland und der Westen, Berlin 2023.

zur Verbreitung der Ideologie. Die Russische Föderation schuf ein Netzwerk von Organisationen, die die russischsprachige Bevölkerung in EU-Ländern beeinflussen, um »sharp power« auszuüben, darunter werden strategische Narrative, die Ausnutzung von asymmetrischen Informationszugängen (sowohl in freien als auch autokratischen Staaten), die Anwendung symbolischer Gewalt (Gewaltsymbolik und Drohung mit Gewalt), die Spaltung der Öffentlichkeit im Zielland, die Manipulation und Maskerade von Informationen, ein manipulatives Informationsmanagement und subversive Tätigkeiten verstanden.[2]

In den 1990er Jahren führten sogenannte »Methodologen« den Begriff »Russische Welt« ein, zu ihnen gehörten Polittechnologen und Politiker, darunter der Journalist Gleb Pawlowski, der Philosoph Georgi Schtschedrowizki und hohe Staatsbedienstete wie Juri Krupnow und Sergej Kirienko (Leiter der russischen Präsidialverwaltung und heute Kurator der russisch okkupierten Gebiete der Ukraine). Die »Methodologen« verstanden die »Russische Welt« als Netzwerk von russlandaffinen Gemeinschaften im Ausland.

Seit der ersten Präsidentschaft Wladimir Putins (im Jahr 2000) begannen russische Behörden, den Begriff auf die sogenannten »Landsleute« oder russischsprachigen Minderheiten anzuwenden, die nach dem Zusammenbruch der UdSSR außerhalb Russlands lebten.[3] Kern der »Russischen Welt« ist der Gedanke, die Rechte der sogenannten »Landsleute« zu schützen, d.h. Mitglieder der russischen Diaspora oder russischsprachiger Minderheiten, die sich der russischen Sprache und Kultur verbunden fühlen. Die »Russische Welt« avancierte zur ideologischen Grundlage für die Diasporapolitik. Im Jahr 2006 erklärte Putin: »Die Russische Welt kann und muss alle vereinen, denen das russische Wort und die russische Kultur am Herzen liegen, egal wo sie leben, in Russland oder im

---

[2] Vgl. Dreyer, June T., Roundtable on Sharp Power, Soft Power, and the Challenge of Democracy, in: American Journal of Chinese Studies, 25:2 (2018), 147-156.
[3] Vgl. Zevelev, Igor, »The Russian World in Moscow's Strategy« (August 2016) [https://www.csis.org/analysis/russian-world-moscows-strategy] Abgerufen am 26.07.2024.

Ausland.«[4] Die vermeintliche Wiederherstellung der kulturellen Einheit der »Russischen Welt« sollte dem Schutz der russischen Sprache und ihrer Sprecher dienen – eine der zentralen Rechtfertigungen für Russlands Krieg gegen die Ukraine seit 2014.

Das Konzept der »Russischen Welt« dient im weiteren Sinne der Rechtfertigung imperialer Ambitionen des russischen Staates, nämlich dafür, dass Russland keine fixierten Grenzen habe, sich der Vertretungsanspruch des russischen Staates weit über seine Staatsbürger hinaus erstrecke und der russische Staat eine spirituelle Welt repräsentiere. An die Stelle eines Staates, der sich über ein Volk, ein Territorium und eine legitime Autorität definiert, tritt damit ein imperial entgrenzter Machtanspruch mit religiösen Weihen. Eine der Voraussetzungen für die Renaissance der Ideen der »Russischen Welt« ist eine offizielle, kanonisierte Geschichtspolitik, die die imperiale und koloniale Vergangenheit Russlands negiert bzw. positiv bewertet. Land und Leute werden in einer orthodoxen, sprachlich-kulturellen Kontinuität des freiwilligen Zusammenschlusses gesehen sowie als Bewahrung der Einheit eines spirituell überhöhten, sakralen Territoriums (»russische Erde«). Der Imperialismus wird umgedeutet zu einem überhistorisch legitimen Anspruch auf Vorherrschaft in der euro-asiatischen Landmasse.

Verbreitung der Ideologie

Der russische Staat gründete und nutzt Tarnorganisationen und Transmissionsagenturen im Ausland, die öffentliche Veranstaltungen organisieren, soziale Medienkanäle bedienen und innergesellschaftliche Frustrationen, Ängste und emotionale Polarisierungen sowie antiliberale und antimodernistische Stimmungen ausnutzen. Die Verbreitung der Ideologie der »Russischen Welt« im Ausland erfolgte durch Organisationen wie die »Russkij Mir Stiftung«, »Rossotrudničestvo« (Russische Zusammenarbeit), »Russkoe Pole« (Russisches Feld) und die Russisch-Orthodoxe Kirche. Darüber hin-

---

4   Gronski, Aleksandr, Russkij mir v poiskah soderžanija, in: Rossija v global`noj politike, 4 (2017), [https://globalaffairs.ru/articles/russkij-mir-v-poiskah-sod erzhaniya/] Abgerufen am 26.07.2024.

aus wurde die Infrastruktur des »Kongresses russischer Landsleute«, durch die russische Behörden ihre Einflussnahme im Ausland koordinieren, sukzessive ausgebaut. Im Jahr 2018 unterzeichneten die Stiftung »Russische Welt« und »Rossotrudničestvo« ein Abkommen über die Zusammenarbeit bei der Popularisierung der russischen Sprache und Literatur sowie der multinationalen Kultur der Völker Russlands. Zusätzlich initiierte die russische Regierung 2007-2008 die Verbreitung einer Reihe von gedruckten Publikationen für die russische Diaspora sowie zahlreiche Onlineressourcen. Seit 2007 ist Patriarch Kirill einer der Kuratoren der Stiftung »Russische Welt«, die Zentren und Programme in mindestens 25 Ländern unterhält. Die Zentren der Stiftung »Russische Welt« sind auch Kanäle für die russische Kriegspropaganda, weshalb die Europäische Union im Juli 2022 Sanktionen gegen die Stiftung verhängte.

Orthodoxie und »Russische Welt«

Die Führung der Russisch-Orthodoxen Kirche (ROK) unter Metropolit Kirill hat sich das diffuse, gerade in seiner Plakativität wirkmächtige Konzept der »Russischen Welt« zu eigen gemacht. Durch Beitritt zur Stiftung »Russische Welt« im Jahre 2009 ist die ROK auch organisatorisch mit dessen Aktivitäten verbunden. Die Rede von der »Russischen Welt« behauptet eine eigene russische Zivilisation und die »spirituelle« Einheit eines grenzen- und völkerüberschreitenden russisch-orthodoxen Kulturraums. Das Konzept besteht aus einer Mixtur aus russozentrischer Slawophilie, Etatismus, großrussischen Ambitionen und orthodoxer Raumpolitik.[5] Die Grenzen der »Russischen Welt« werden absichtlich nicht definiert, reklamiert wird vielmehr ein genereller Vertretungsanspruch des russischen Staates und der Russisch-Orthodoxen Kirche für Menschen, die durch die russische Sprache und Kultur geprägt sind.

---

5 Vgl. Heinemann-Grüder, Andreas, »Die Entmachtung der Gesellschaft durch die Russisch-Orthodoxe Kirche« (2023) [https://www.kas.de/documents/252038/22161843/Die+Entmachtung+der+Gesellschaft+durch+die+Russisch-Orthodoxe+Kirche.pdf/f5b6c871-2cba-6ee9-f8e2-943ce7415f05?version=1.0&t=1673431983129] Abgerufen am 26.07.2024.

Vorgetragen wird dies im Gestus moralischer Überlegenheit gegenüber westlicher Dekadenz und als Vertretung des wahren Christentums. Das Konzept ist kollektivistisch, antiaufklärerisch und gegen ein säkulares Staatsverständnis gerichtet.

Die ROK versteht sich als ethische Richtschnur für die »Russische Welt«, der somit Legitimität zugeschrieben wird. Sie sieht sich als Unterpfand einer Einheit der »alt-russischen Länder«, womit neben Russland vor allem die Ukraine und Belarus gemeint sind. Geliefert wird damit ein ideeller Überbau für Putins Geschichtsrevanchismus, für eine Retrozukunft, die das Selbstbestimmungsrecht der slawischen Völker des Zarenreichs und der Sowjetunion der russischen Vorherrschaft unterordnen will.

Die wiederholte Rede von dunklen, feindlichen äußeren Mächten bis hin zur Beschwörung eines Kampfes gegen den »Satanismus« zuerst durch Metropolit Kirill, dann durch Putin verfestigt den Konflikt um die Reichweite sowohl der russischen Orthodoxie wie auch des russischen Staates. Die ROK hat mit der Untergangsrhetorik, mit ihrem rhetorischen Aufstand gegen die Moderne und ihrer Geschichtsmythologie einen entscheidenden Beitrag zur Radikalisierung des Putinismus geleistet.

Die Russisch-Orthodoxe Kirche steht im Zentrum der Ideologie der »Russischen Welt«. Seit 2007 hat Patriarch Kirill den Begriff wiederholt verwendet, er versteht darunter »eine besondere Zivilisation; und die Menschen, die ihr angehören, nennen sich heute mit unterschiedlichen Namen – Russen, Ukrainer oder Weißrussen.« Zum »Heiligen Russland« bzw. der »Heiligen Rus« gehören demnach auch die Ukraine und Belarus, ob sie es wollen oder nicht. Das politische und administrative Zentrum der »Russischen Welt« ist für die Russisch-Orthodoxe Kirche Moskau, während das geistige Zentrum vorgeblich Kyiv ist.[6] Nach Ansicht von Patriarch Kirill soll die Russisch-Orthodoxe Kirche mit dem Kreml zusammenarbeiten,

---

6 Vgl. Budraitskis, Ilya, »The Birth and Death of the 'Russian World': A History of the Concept, LeftEast« (Juni 2022) [https://lefteast.org/the-birth-and-death-of-the-russian-world-a-history-of-the-concept] Abgerufen am 26.07.2024.

um Spiritualität, Moral und die Vereinigung der Kulturen zu fördern.[7] Sofort nach Kriegsbeginn im Februar 2022 unterstützte die Russisch-Orthodoxe Kirche die Aggression gegen die Ukraine vollumfänglich, während weltweit Vertreter der christlichen Kirchen die Unterstützung des Krieges scharf ablehnten. Gott ist angeblich auf der Seite der gottgläubigen russischen Kämpfer, der Krieg mutiere zum göttlichen Recht, ja sogar zum Gottesdienst. Die ROK ist damit selbst eine Kriegspartei.[8] Die Unterstützung von Russlands Krieg gegen die Ukraine durch die Anführer des Moskauer Patriarchats wurzelt in einem Verständnis der russischen Orthodoxie als imperialer Staatsreligion. Im Jahr 2014, als Russland die Krim annektierte und einen Krieg im ukrainischen Donbass begann, bis hin zum umfassenden Krieg gegen die Ukraine benutzten Putin und Patriarch Kirill die Ideologie der »Russischen Welt« als Legitimation. Demzufolge gibt es eine transnationale russische Zivilisation, die als »Heiliges Russland« bezeichnet wird und Russland, die Ukraine und Belarus und bisweilen auch Moldawien und Kasachstan umfasst sowie ethnische Russen und russischsprachige Menschen auf der ganzen Welt. Die Vorstellung von einer »Heiligen Rus« ersetzt den christlichen, in der Bibel verankerten Glauben, durch den Glauben an eine fiktive »Rus«, den geistigen Bund, der durch die »russische Erde« gestiftet werde.

Die symbiotische Nähe zwischen den antipluralen Amtsträgern der ROK und dem autokratischen Regime unter Putin weist substanzielle Parallelen zu klerikal-faschistischen Strömungen der 1920er und 1930er Jahre auf. Die ROK und Putins Regime ähneln sich in ihrer autokratischen Struktur, dem Führerprinzip, der Betriebsweise und Loyalitätskultur, sie ergänzen und stützen sich, profitieren voneinander, sind klientilistisch miteinander verbun-

---

7 Vgl. Ukrainian Catholic leader: »'Russian World' an ideology dressed in church vestments« (Oktober 2022) [https://aleteia.org/2022/10/23/ukrainian-catholic-leader-russian-world-an-ideology-dressed-in-church-vestments/] Abgerufen am 26.07.2024.
8 Vgl. »Kak russkaja pravoslavnaja cerkov`podderživaet vojnu i čto delajut svjaščenniki, s nej nesoglasnye« (Dezember 2022) [https://novayagazeta.ee/articles/2022/12/21/kak-russkaia-pravoslavnaia-tserkov-podderzhivaet-voin u-i-chto-delaiut-sviashchenniki-s-nei-nesoglasnye] Abgerufen am 26.07.2024.

den und aufeinander angewiesen. Den Metropoliten Kirill und Präsident Putin eint ihr autokratisches Gebaren: Kirill ist Alleinherrscher, auf Lebenszeit gewählt, keiner inneren Gewaltenbeschränkung unterworfen, keiner Synode, keinem Kollektivorgan rechenschaftspflichtig. Er verfügt über ein Deutungsmonopol und die Macht zur willkürlichen Absetzung von Widersachern. Folglich überwiegt in der ROK bis auf wenige Dissidenten billigende Hinnahme oder Apathie gegenüber dem Krieg gegen die Ukraine. Während das Zarenreich und die Sowjetunion sich als Imperien verstanden und Putin die imperialen Ambitionen reaktiviert, ist die ROK ein Instrument zur Umsetzung dieser neoimperialen Fantasien. Die ROK agiert dabei selbst wie ein Imperium, das seine Suprematie und den Alleinvertretungsanspruch gegenüber orthodoxen Gläubigen jenseits der Grenzen Russlands, und zwar selbst auf dem afrikanischen Kontinent, durchsetzen möchte.

Die ROK als Kriegspartei

Schon 2014 wurde der prorussische Separatismus im Donbass von einer »Russisch-orthodoxen Armee« unterstützt, die dem Bataillon »Oplot« unterstellt war und bis zu 4.000 Kombattanten umfasst haben soll.[9] Ob die ROK die »Russisch-orthodoxe Armee« direkt unterstützte, ist nicht bekannt – die Ukrainisch-Orthodoxe Kirche des Moskauer Patriarchats distanzierte sich jedenfalls von Anfang an deutlich. Gleichwohl gerierte sich die paramilitärische Truppe als religiöse Befreiungsarmee.

Zu lautstarken medialen Propagandisten der imperialen Einvernahme der Ukraine gehört der umtriebige religiös-monarchistische Geschäftsführer des Investmentfonds Marshall Capital Partners, Konstantin Malofejew. Er ist stellvertretender Vorsitzender des Weltkonzils des Russischen Volkes, Inhaber des nationalistischen Fernsehkanals Zargrad TV und Leiter eines verschwörungs-

---

9 Vgl. »Meet the Russian Orthodox Army, Ukrainian Separatists' Shock Troops« (Mai 2014) [https://www.nbcnews.com/storyline/ukraine-crisis/meet-russian-orthodox-army-ukrainian-separatists-shock-troops-n107426] Abgerufen am 26.07.2024.

theoretischen Instituts namens Katehon und zugleich Vorstandsvorsitzender der Stiftung St. Basilius der Große. Malofejew hat im Donbass während des sogenannten »Russischen Frühlings« im Jahre 2014 und erneut ab 2022 die Separatisten mit seiner orthodoxen Befreiungspropaganda umfassend unterstützt.[10]

Die Verherrlichung von russischen Kriegern begann bei Patriarch Kirill lang vor dem Ukrainekrieg. Der Experte für Ostkirchen Reinhard Flogaus vermerkt, dass Kirill noch in seiner Zeit als zweiter Mann der Russisch-Orthodoxen Kirche das Prinzip der kirchlichen Erziehung der Gläubigen »im Geiste des Patriotismus« kirchlich hat festschreiben lassen. Die von ihm maßgeblich entworfene »Sozialdoktrin« der Russisch-Orthodoxen Kirche aus dem Jahr 2000 verweist in diesem Zusammenhang auf die traditionelle kirchliche Verehrung der russischen Kriegerfürsten des Mittelalters und die Pflicht eines jeden Gläubigen zur Verteidigung des russischen Vaterlandes und seiner »über die Welt verstreuten Blutsbrüder«. Flogaus ergänzt: »Das Narrativ vom ›Heiligen Russland‹ dient bei Kirill als pseudohistorisches Fundament der theologischen Rechtfertigung. Der Patriarch hat gleich zu Beginn des Krieges Huntingtons Theorie eines ›Clash of Civilizations‹ sakralisiert und erklärt, es gehe in der Ukraine um die Frage des Heils, um einen metaphysischen Kampf für die Wahrheit und gegen die Sünde. Der Westen, so der Patriarch, wolle den Menschen im Donbass seine sündhaften Werte aufzwingen und verlange von ihnen die Tolerierung von Homosexualität und die Abhaltung von Gay-Paraden. Dies sei unvereinbar mit den Werten der Orthodoxie und der russischen Welt. Deshalb müsse Russland nun den leidenden Glaubensbrüdern in der Ukraine zu Hilfe kommen.«[11]

---

10 Vgl. Pilipenko, Evgen, »Na Donbas priechal rossijskij 'pravoslavnyj milliarder' – sonspor okupacii Malofeev« (September 2021) [https://news.liga.net/politics/news/na-donbass-priehal-rossiyskiy-pravoslavnyy-milliarder-sponsor-okupatsii-malofeev-foto] Abgerufen am 26.07.2024; Jacinto, Leela, »God, church, Tsar: The world of Russian oligarch Malofeev and his Western associates« (April 2022) [https://www.france24.com/en/europe/20220408-god-church-tsar-the-world-of-russian-oligarch-malofeyev-and-his-western-associates] Abgerufen am 26.07.2024.

11 Rauch, Raphael, »Interview mit Reinhard Flogaus. Der Brandbeschleuniger: Warum Patriarch Kyrill häretisch argumentiert« (Dezember 2022) [https://ww

Als Putin im September 2022 eine Teilmobilmachung für den Krieg gegen die Ukraine ankündigte, forderte Kirill von seinen Priestern, für den Sieg zu beten.[12] Der damals 45-jährige Moskauer Priester Ioann Koval weigerte sich und betete stattdessen für den Frieden. Koval wurde entlassen. Von den etwa 40.000 Priestern der ROK unterzeichneten nur etwa 300 einen Brief, der zum Frieden mit der Ukraine aufrief.[13] Die ROK sammelt in ihren Gemeinden im Ausland, darunter in Deutschland, »humanitäre Hilfe« für Opfer des Krieges auf russischer Seite – eine Überprüfung, ob es sich de facto um eine Unterstützung des russischen Besatzungsregimes handelt, ist bisher nicht erfolgt.

Anstelle christlicher Friedensethik erteilte der Metropolit Kirill den Kämpfern gegen die Ukraine Ende September 2022 schon vorab die Absolution, sie würden von allen vorherigen Sünden reingewaschen. Der Krieg avancierte damit zum Reinigungsritual. Das Morden gilt nicht mehr als Sünde, sondern als Gottesdienst.[14]

Implikationen

Die Politik von Kirill hat die zentrifugalen Kräfte in der Russisch-Orthodoxen Kirche verstärkt. Die Heilige Synode des Ökumeni-

---

w.kath.ch/newsd/der-brandstifter-warum-patriarch-kyrill-haeretisch-argumentiert/] Abgerufen am 26.07.2024.

12 Loyal aus Sicht der Kirchenführung verhalten sich jene Priester, die die Bibel gegen das Bajonett tauschen. Eine Kirche in Südrussland begann so z.B. damit, ihre Sonntagsschulkinder im unbewaffneten Kampf und im Kampf mit dem Bajonett zu unterrichten, vgl. Kilner, James, »Russian children swap Bibles for bayonet practice at Sunday school« (Juni 2023) [https://www.telegraph.co.uk/world-news/2023/06/15/russian-orthodox-church-children-bayonet-practice-ukraine/] Abgerufen am 26.07.2024.

13 Vgl. »Russian Orthodox Priests Persecuted for Supporting Peace in Ukraine« (August 2023) [https://www.voanews.com/a/russian-orthodox-priests-persecuted-for-supporting-peace-in-ukraine-/7222972.html] Abgerufen am 26.07.2024.

14 Vgl. Schmidt, Friedrich, »Russlands Streitkräfte: Zu wenige wollen für Putin kämpfen« (September 2022) [https://www.faz.net/aktuell/politik/ausland/zu-wenige-russische-soldaten-wollen-im-krieg-in-der-ukraine-kaempfen-18291349.html] Abgerufen am 26.07.2024; »Patriarch of Moscow: Any Russian Soldier Who Dies in the War in Ukraine is Forgiven for his Sins« (September 2022) [https://orthodoxtimes.com/patriarch-of-moscow-any-russian-soldier-who-dies-in-the-war-in-ukraine-is-forgiven-for-his-sins/] Abgerufen am 26.07.2024.

schen Patriarchats von Konstantinopel entzog bereits am 11. Oktober 2018 dem Patriarchen von Moskau das Recht, den Metropoliten von Kyiv zu ordinieren. Zugleich wurden alle drei orthodoxen Kirchen in der Ukraine dem ökumenischen Patriarchat in Konstantinopel (Istanbul) unterstellt. Seit 2019 existierten zwei orthodoxe Kirchen nebeneinander, die Ukrainisch-Orthodoxe Kirche des Moskauer Patriarchats unter Metropolit Onufrij und die Orthodoxe Kirche der Ukraine unter Metropolit Epiphanius. Nach dem Beginn von Russlands Krieg forderte Metropolit Onufrij, den Krieg unverzüglich zu beenden, wie auch in dem Kapitel von Thomas Bremer erwähnt wird. Die Ukrainisch-Orthodoxe Kirche, die zunächst Teil der Russisch-Orthodoxen Kirche war, sagte sich am 27. Mai 2022 vom Moskauer Patriarchat los. Entgegen den Absichten von Kirill hat seine Parteinahme im Krieg die Ukrainisch-Orthodoxe Kirche genötigt, sich von ihren Bindungen an Moskau loszusagen. Schisma statt Einheit ist die Folge. Die ROK hat sich durch ihren Kriegskurs auch gegenüber anderen orthodoxen Kirchen und christlichen Religionsgemeinschaften isoliert. Die Führung der ROK schädigt sich selbst, indem sie Russlands Krieg gegen die Ukraine stützt und damit ihren ohnehin angeschlagenen Einfluss auf die orthodoxen Gläubigen in der Ukraine und im Verhältnis zu den übrigen orthodoxen Kirchen untergräbt. Grundsätzlich bedarf die Tätigkeit der russischen Frontorganisationen im Ausland der Beobachtung durch den Verfassungsschutz, den Staatsschutz, den Bundesnachrichtendienst, die Medien und die akademische Expertise. Die Propaganda der Russisch-Orthodoxen Kirche für Russlands Krieg ist nicht durch die Religionsfreiheit gedeckt. Die ROK des Moskauer Patriarchats ist Teil von Russlands »hybrider« Kriegsführung und sollte als solche behandelt werden.

Die russische Invasion und die Weltorthodoxie
Geopolitisches Schisma?

Thomas Bremer

Der russische Angriff auf die Ukraine hatte große Auswirkungen auf die religiöse Situation im Lande. Doch hat der Krieg darüber hinaus auch Folgen auf die christlichen Kirchen weltweit. In diesem Beitrag soll geschildert werden, wie die Orthodoxie, also diejenige Kirche, der in der Ukraine die meisten Menschen angehören, von der Situation in der Ukraine betroffen ist.

1. Die Vorgeschichte

Die Orthodoxie befindet sich in einem Schisma, das mit der Ukraine zusammenhängt – allerdings ist es nicht mit dem Krieg entstanden, sondern schon Jahre vorher, im Herbst 2018. Die orthodoxe Kirche in der Ukraine war gespalten; von den drei größeren Kirchen war eine der ukrainische Zweig der Russischen Orthodoxen Kirche (ROK), während die beiden anderen im Zusammenhang mit dem Zerfall der Sowjetunion und der Unabhängigkeit der Ukraine entstanden sind. Bis 2018 galten die beiden letzteren als unkanonisch, d.h., sie wurden von den anderen orthodoxen Kirchen in der Welt nicht anerkannt. Als einzige legitime orthodoxe Kirche wurde innerorthodox die »Ukrainische Orthodoxe Kirche« (UOK) betrachtet, die Teil der russischen Kirche war. Diese Kirche war auch die größte, aber die beiden unkanonischen Kirchen hatten ebenfalls Millionen von Gläubigen und Tausende von Gemeinden, und sie existierten legal, entsprechend der ukrainischen Religionsgesetzgebung.

Im Herbst 2018 machte sich der Ökumenische Patriarch von Konstantinopel, Bartholomaios, daran, die Orthodoxie in der Ukraine zu vereinigen und die bestehende irreguläre Situation zu beseitigen. Er ernannte zwei Bischöfe zu seinen Gesandten (»Exarchen«), die in seinem Auftrag am 15. Dezember 2018 eine Synode in Kyiv organisierten, bei der sich alle orthodoxen Kirchen des Landes zusammenschließen sollten. Zu dieser Synode erschienen jedoch nur die Bischöfe der beiden unkanonischen Kirchen. Sie begründeten eine »Orthodoxe Kirche der Ukraine« (OKU), die wenige Wochen darauf von Patriarch Bartholomaios als autokephal, also als unabhängig und selbstständig, anerkannt wurde. Statt bislang drei existierten nunmehr seit Januar 2019 zwei orthodoxe Kirchen, die sich beide als kanonisch betrachten konnten – die eine aufgrund ihrer Anerkennung durch Konstantinopel, die andere wegen ihrer Verbindung mit Moskau.

Die ROK hatte von Anfang an gegen das Vorgehen von Konstantinopel protestiert. Sie betrachtete die Ukraine als ihr eigenes Jurisdiktionsgebiet und verbat sich eine Einmischung von außen. Konstantinopel hingegen berief sich auf die Tatsache, dass Kyiv das Christentum im 10. Jahrhundert von dort aus empfangen hat. Ein Akt aus dem Jahr 1686, in dem das Ökumenische Patriarchat dem Patriarchen von Moskau gewisse Vorrechte über die Kyiver Metropolie eingeräumt hatte, wurde von Konstantinopel 2018 annulliert.

Das Patriarchat von Moskau reagierte auf die Rehabilitierung der unkanonischen Bischöfe und die Ernennung der Exarchen mit einem Abbruch der kirchlichen Beziehungen. Das drückt sich konkret vor allem dadurch aus, dass der Moskauer Patriarch, wenn er die Liturgie zelebriert, an der vorgeschriebenen Stelle den Namen des Patriarchen von Konstantinopel nicht mehr nennt, sondern nur noch die Oberhäupter der anderen orthodoxen Kirchen. Klerikern der russischen Kirche ist es verboten, mit solchen von Konstantinopel zu zelebrieren, und die russischen Gläubigen dürfen in den Kirchen des Ökumenischen Patriarchats nicht mehr die Sakramente empfangen. Die Trennung ist zwar nicht beiderseitig, da Konstantinopel nicht mit den entsprechenden Gegenmaßnahmen reagiert hat, aber faktisch bedeutet es ein seit 2018 andauerndes und bisher ungeheiltes Schisma.

In der Orthodoxie ist umstritten, wem das Recht zusteht, einer neu entstandenen Kirche die Autokephalie zu verleihen – dem Patriarchat von Konstantinopel als erstem in der kanonischen Reihenfolge der orthodoxen Kirche oder der jeweiligen »Mutterkirche«, also der Kirche, zu der die nun unabhängige Kirche bislang gehörte. Zudem ist umstritten, wer die »Mutterkirche« der ukrainischen Orthodoxie ist – Konstantinopel wegen der Gründung oder Moskau, weil von dort aus die Orthodoxie in der Ukraine über Jahrhunderte verwaltet wurde. Jedenfalls gibt es für die Frage nach der Legitimität des Vorgehens von Bartholomaios keine eindeutige Antwort. Erwähnt sei hier nur, dass andere Faktoren ebenfalls eine Rolle spielten – etwa der Boykott des »Heiligen und Großen Konzils der Orthodoxie« 2016 durch Moskau oder der politische Druck aus Kyiv.

2. Die Teilung der Orthodoxie

Seit dem Herbst 2018 gibt es also ein Schisma zwischen Moskau und Konstantinopel. Die anderen orthodoxen Kirchen verhielten sich zunächst neutral und nahmen keine eindeutige Position ein. Im Laufe der nächsten Monate erkannten drei weitere Kirchen (von insgesamt etwa 14) die OKU an: die Kirche von Griechenland, das Patriarchat von Alexandria und die Kirche von Zypern. Die russische Kirche reagierte in allen diesen Fällen auf die gleiche Weise, nämlich durch Abbruch der Kommuniongemeinschaft. Nur das Patriarchat von Alexandria reagierte in gleicher Weise. Das geschah, als die russische Kirche nach Abbruch der Beziehungen zu Alexandria in Afrika eigene kirchliche Strukturen aufbaute und eine Reihe von Priestern dazu bewegte, von Alexandria in die Jurisdiktion von Moskau zu wechseln. Diese Aktionen sind auch in Verbindung mit den russischen politischen Ambitionen in Afrika zu sehen.[1] Somit besteht zwischen Alexandria und Moskau ein beiderseitiges Schisma.

In den Kirchen von Griechenland und Zypern war die Entscheidung, die OKU anzuerkennen, umstritten und einige Bischöfe vollzogen sie nicht mit, wurden aber überstimmt. Die russische Kirche versuchte, diese Spaltung in den beiden Kirchen auszunutzen

---

[1] Wenige Monate nach dem Tod des russischen Söldnerführers Prigozhin, dessen Formation »Wagner« in Afrika präsent ist, wurde der für Afrika zuständige Metropolit Leonid, der offenbar eng mit Prigozhin verbunden war, zunächst aus Afrika abgezogen und dann mit 55 Jahren in den Ruhestand versetzt.

und zu vertiefen. So veröffentlichte das Moskauer Patriarchat etwa eine Liste der griechischen Bistümer, deren Bischöfe sich gegen die Anerkennung ausgesprochen hatten. In diese Bistümer sollten russische Pilger nach wie vor reisen können.

Die Mehrheit der anderen orthodoxen Kirchen ist aber weiterhin in Gemeinschaft sowohl mit Konstantinopel als auch mit Moskau. Einige haben sich mehr oder weniger offen gegen die Anerkennung durch Konstantinopel ausgesprochen. So hat der weithin anerkannte Erzbischof der Albanischen Orthodoxen Kirche, Athanasios, in einem Brief an Bartholomaios dessen Aktionen kritisiert. Die serbische Kirche nennt in ihren Verlautbarungen das Oberhaupt der OKU nur mit seinem Nachnamen (»Herr Dumenko«), weil sie seine Bischofswürde nicht anerkennt. Der 2021 gewählte serbische Patriarch Porfirije hätte ordnungsgemäß eigentlich Antrittsbesuche bei den anderen orthodoxen Kirchen machen sollen, und zwar in der kanonischen Reihenfolge – doch da er offenbar in der jetzigen Situation Patriarch Bartholomaios nicht treffen will, war Porfirije inzwischen in Nord- und Südamerika sowie in verschiedenen Ländern Europas, jedoch nicht in traditionell orthodoxen Staaten (er war nur anlässlich einer Beisetzung zu einem kurzen Besuch in Moskau).

Andere Kirchen deuten ihre Haltung dadurch an, dass sie mit Hierarchen der UOK, nicht aber mit solchen der OKU konzelebrieren. Das betrifft neben der serbischen Kirche etwa die von Rumänien, die von Polen oder die der Tschechischen Länder und der Slowakei.

Es gab mehrere Versuche und Aufrufe anderer orthodoxer Kirchen, die Situation zu klären. Im Februar 2020 lud der Patriarch von Jerusalem die Oberhäupter der von allen anerkannten orthodoxen Kirchen zu einem Dialog ein. Während die russische Kirche sowie fünf weitere zu dem Treffen erschienen, sagte Patriarch Bartholomaios im Vorfeld ab und argumentierte, dass nur er das Recht habe, ein solches Treffen einzuberufen. Im weiteren Verlauf weigerte sich Bartholomaios, seine Entscheidung hinsichtlich der Ukraine zu diskutieren, weil die Frage endgültig geklärt sei.

3. Die Reaktionen auf den Krieg

Es ist also festzuhalten, dass die Spaltung der Orthodoxie nicht durch den russischen Angriff auf die Ukraine verursacht worden ist, sondern bereits vorher bestanden hat. Die Frontstellung zwischen dem nach der kanonischen Rangfolge ersten Patriarchat, Konstantinopel, und dem zahlenmäßig größten, Moskau, die in den Auseinandersetzungen um die ukrainische Autokephalie offenbar geworden ist, lässt sich auch in den Reaktionen auf den Krieg erkennen: Der russische Patriarch Kirill hat bekanntlich den russischen Angriff auf die Ukraine gerechtfertigt und sieht ihn als einen Abwehrkampf gegen den kollektiven Westen, der der Ukraine sein Lebensmodell aufzwingen wolle.[2] Kirill lehnt sich mit dieser Sichtweise sehr stark an die Argumentation der russischen Regierung an. Auf den Vorwurf, die russische Kirche unterstütze den Krieg, reagieren Vertreter dieser Kirche üblicherweise mit dem Hinweis, dass die Kirche für den Frieden bete und dass sie außerhalb der Politik stehe. Nun ist das Gebet für den Frieden Bestandteil eines jeden orthodoxen Gottesdienstes und insofern keine Neuerung. Patriarch Kirill hat allerdings im September 2022 verfügt, dass in den Gottesdiensten ein Gebet für den Sieg Russlands gesprochen wird.

Patriarch Bartholomaios von Konstantinopel hingegen hat den Krieg mit klaren Worten verurteilt. In einem Interview kurz nach dem Überfall verteidigte er seine Entscheidung, der OKU die Autokephalie zu gewähren, als richtigen und rechtzeitigen Akt.[3] In einer späteren Aussage bedauerte er, dass von Patriarch Kirill keine Verurteilung des Krieges kam: »Es ist nicht möglich, dass die Kirchen die Gewalt und den Krieg nicht verurteilen. Aber die Kirche Russlands hat uns im Stich gelassen.«[4] Auch die Orthodoxe Kirche

---

2 Vgl. Willems, Joachim, Ein Diener zweier Herren. Patriarch Kirill und seine Kriegspredigten, in: Osteuropa 73 (2023), 221-234. In derselben Nummer der Zeitschrift sind einige der Predigten Kirills in deutscher Übersetzung dokumentiert.
3 Vgl. Orthodoxie aktuell: Informationen aus der Orthodoxen Kirche, 3-4 (2022), 8. Die von der Orthodoxen Bischofskonferenz in Deutschland herausgegebene Monatszeitschrift »Orthodoxie Aktuell« bietet eine zuverlässige Dokumentation der Ereignisse und der Aussagen der verschiedenen orthodoxen Kirchen.
4 Orthodoxie aktuell: Informationen aus der Orthodoxen Kirche, 6 (2022), 7.

von Finnland, die innerhalb des Ökumenischen Patriarchats Autonomie genießt, verurteilte sowohl den Krieg als auch die Haltung der russischen Kirche.[5] Die übrigen orthodoxen Kirchen bedauerten den Krieg in den ersten Tagen und Wochen ebenfalls, hielten sich aber mit politischen Wertungen zunächst zurück.[6] Bemerkenswert ist, dass in den Erklärungen oft auf eigene Kriegserfahrungen verwiesen wird – so nennt das Patriarchat von Jerusalem die schwierige Situation der Palästinenser, die serbische Kirche spricht das Kosovo an und die georgische Kirche verweist auf die Auseinandersetzungen um Abchasien. In vielen der kritischen Erklärungen wird dem Westen Doppelmoral vorgeworfen, weil er sich nicht um diese Konflikte kümmere, den Krieg in der Ukraine, der er selbst provoziert habe, aber als großes und besonderes Problem ansehe.

Grundsätzlich zeigen sich die Lager, die sich im Streit um die Orthodoxie in der Ukraine herausgebildet hatten, auch in der Bewertung des Krieges. In der Regel wird eine eindeutige Schuldzuweisung jedoch vermieden. Die Serbische Orthodoxe Kirche sieht aber ebenso wie das Patriarchat von Jerusalem den Westen als den Schuldigen, während die rumänische Kirche sehr früh Russland als den Angreifer genannt hat. In seiner Epiphaniasansprache 2024 hat sich der inzwischen verstorbene bulgarische Patriarch überraschend eindeutig auf die Seite der Ukraine gestellt.[7] Sein Nachfolger wird als russlandfreundlich eingeschätzt. Die Kirchen in EU-Staaten mit orthodoxer Mehrheit (Griechenland, Zypern, Rumänien, Bulgarien) haben demnach häufig eine russlandkritische Haltung, Mehrheitskirchen in Nicht-EU-Staaten (Serbien, Georgien) kritisieren eher den Westen, während die alten Patriarchate (Alexandria, Antiochien, Jerusalem) sowie die Minderheitenkirchen (Polen, Tschechische Länder und Slowakei, Albanien) ganz unter-

---

5 Vgl. Orthodoxie Aktuell 3-4 (2022), 8-9.
6 Vgl. ebd. 11-12.
7 Vgl. Atanassov, Vladislav, »Bulgarien: Patriarchat kritisiert Krieg gegen die Ukraine deutlich« (Januar 2024) [https://noek.info/nachrichten/suedosteuropa/33-bulgarien/3189-bulgarien-patriarch-kritisiert-krieg-gegen-die-ukraine-deutlich] Abgerufen am 26.07.2024.

schiedliche Positionen vertreten. Diese Aufteilung ist nicht im klassischen Sinne geopolitisch, sondern hängt von sehr unterschiedlichen Faktoren ab.

Allerdings muss darauf hingewiesen werden, dass fast alle orthodoxen Kirchen nach wie vor miteinander in Kommuniongemeinschaft stehen. Russland hat einseitig die Gemeinschaft mit vier Kirchen abgebrochen. Nur im Fall von Moskau und Alexandria lässt sich von einem vollständigen Schisma sprechen. Alle anderen Kirchen jedoch sind sowohl mit Moskau als auch mit Alexandria in Gemeinschaft, auch wenn das der kanonischen Logik widerspricht. Patriarch Bartholomaios von Konstantinopel seinerseits kommemoriert bei der Zelebration die Oberhäupter aller anderen Kirchen, also auch Patriarch Kirill. Die geschilderte Entzweiung innerhalb der Orthodoxie ist somit real, hatte aber bisher nur in sehr wenigen Fällen kanonische Konsequenzen.

4. Schlussüberlegung

Die gegenwärtige Spaltung in der Orthodoxie zeigt, dass es bereits lange vor der Entscheidung des Ökumenischen Patriarchats, der OKU die Autokephalie zu gewähren, Spannungen und grundsätzliche Gegensätze gab, die jedoch unter der Oberfläche verblieben.[8] Der russische Boykott des Konzils der Gesamtorthodoxie 2016 war ein deutliches Zeichen für diesen Gegensatz. Es wäre sicher lohnend, ihn auch theologisch nachzuzeichnen, um aufzuzeigen, welche ekklesiologischen Ansätze hinter den beiden Positionen stehen.

Die Krise zeigt auch, dass es der Orthodoxie an Instrumenten fehlt, Entscheidungen zu treffen, die für alle Kirchen gültig sind. Bekanntlich liegt das letzte Ökumenische Konzil, das die Orthodoxie anerkennt, mehr als 1200 Jahre zurück. Doch in dogmatischen Fragen scheint es weniger Probleme und Reibungen zu geben als in solchen der Kirchenorganisation. Auch die beiden konkurrierenden Kirchen in der Ukraine unterscheiden sich dogmatisch (und li-

---

8 Vgl. Bremer, Thomas / Brüning, Alfons / Kizenko, Nadieszda (Hg.), Orthodoxy in Two Manifestations? The Conflict in Ukraine as Expression of a Fault Line in World Orthodoxy, Berlin 2022.

turgisch) praktisch nicht voneinander. Allerdings bestreiten sie einander die Kanonizität. Über diese Frage gibt es, wie zu sehen war, auch in den anderen Kirchen keine Einigkeit, und kein Instrument, sie herzustellen. Regelmäßige Treffen der Ersthierarchen, wie es sie zur Vorbereitung des Konzils von 2016 gegeben hat, und konziliare Mechanismen, für die dieses Konzil ein Startpunkt sein könnte, könnten dazu beitragen, ähnliche Situationen in der Zukunft zu klären oder ganz zu vermeiden. Allerdings ist momentan nicht abzusehen, dass es in der konkreten Frage der ukrainischen Kirchenorganisation oder gar in der grundsätzlichen Frage nach Verständigungswegen in der Orthodoxie Bewegung gibt. Daher ist zu befürchten, dass die momentane Spaltung auf sehr lange Zeit anhalten wird.

Jüdisches Leben in Russland und der Ukraine
Paradigmenwechsel seit der Invasion?

Pinchas Goldschmidt

Der 24. Februar 2022, der Tag des russischen Angriffs auf das gesamte Territorium der Ukraine, könnte rückblickend der Tag gewesen sein, an dem das Ende der Renaissance des russischen Judentums in Russland besiegelt wurde. Eine Gemeinschaft, die es in dieser Form gerade einmal 30 Jahre alt war und die nach dem Fall des Kommunismus und dem Ende der Sowjetunion, in der jüdisches Leben weitgehend unterdrückt war, mit großer Anstrengung aufgebaut worden war.

Ich persönlich war seit 1989 in Moskau als Rabbiner tätig. Der 24. Februar 2022 machte mir dann klar, dass ich dort nicht länger bleiben konnte.

Auch wenn die Zeichen deutlich sichtbar gewesen waren, wollte im Februar 2022 niemand so recht wahrhaben, dass alles schlimmer und für die jüdische Gemeinschaft Russlands sehr ungemütlich werden würde. Denn mit dem Einmarsch in die Ukraine verwandelte sich Russland quasi über Nacht von einem autoritären in ein quasitotalitäres System.

Oppositionelle wurden zu Tausenden verhaftet. Die letzten noch existenten Reste freier Medien wie der Radiosender »Echo Moskwy« oder die Zeitung »Nowaja Gaseta« wurden zum Schweigen gebracht und das Internet wurde zensiert. Journalisten und auch Verantwortliche in Nichtregierungsorganisation wurden zu ausländischen Agenten erklärt. Die letzten liberalen Politiker des Landes vor die Tür gesetzt.

Besonders im Visier des Putin-Regimes waren jüdische Oppositionelle, darunter der Putin-Kritiker Wladimir Kara-Murza und der ehemalige liberale Politiker Leonid Gosman. Von den Religionsgemeinschaften des Landes verlangte der Kreml unbedingten Gehorsam gegenüber seinem Ukraine-Kurs. Auch ich wurde im

Juli 2022 auf die Liste der sogenannten »ausländischen Agenten« gesetzt, zusammen mit weiteren Mitgliedern der Zivilgesellschaft.[1]

Der Antisemitismus, der in Russland immer präsent gewesen war, wurde auch von Seiten des Regimes geschürt. Außenminister Sergey Lawrow behauptete mit Blick auf den jüdischen Präsidenten der Ukraine, Wolodymyr Selenskyj, die eifrigsten Antisemiten seien in der Regel die Juden selbst, das zeige doch die Geschichte.[2]

Kurz nach dem Beginn der »militärischen Spezialoperation« gegen die Ukraine forderten die Präsidialverwaltung und der Inlandsgeheimdienst FSB die Rabbiner im Land auf, eine Erklärung zu unterzeichnen, in der sie das »Naziregime in Kyiv« verurteilen und ihre Unterstützung für den Krieg bekunden sollten. Im Falle einer Weigerung, das war unausgesprochen jedem klar, drohten empfindliche Strafen.

Wladimir Putin hatte sogar ein Gesetz erlassen, das die Verwendung des Wortes »Krieg« unter Strafe stellte. Nach 33 Jahren in Moskau und knapp drei Jahrzehnten als Oberrabbiner in der Hauptstadt beschloss auch ich, das Land zu verlassen. Zuvor stellte ich mir selbst bohrende Fragen: Würde ich durch meinen Weggang meine Gemeinde, die ich so lange betreut hatte, im Stich zu lassen?

Es gab eine sehr klare Antwort darauf: Im Gegensatz zu früheren Zeiten, als die Juden das Land nicht oder nur unter großen Schwierigkeiten verlassen konnten, war und ist es heutzutage möglich Russland zu verlassen.

Ich war nicht der Einzige, der Russland den Rücken kehrte. An die 100.000 russische Juden haben seitdem das Land verlassen, allein in den Monaten nach dem Einmarsch waren es 38.000, die nach Israel gingen. Mehr als ein Drittel der jüdischen Bevölkerung Russlands ist geflohen – ein Aderlass für die dortigen Gemeinden.

Sicherlich war das nicht die erste Auswanderungswelle. Bereits in den 90er Jahren hatten viele Juden die Länder der Sowjetunion verlassen. Gleichzeitig waren viele geblieben, bekannten sich

---

1 Staff, Toi, »Russia brands exiled former Moscow chief rabbi a 'foreign agent'« (Juli 2022) [https://www.timesofisrael.com/russia-brands-exiled-former-moscow-chief-rabbi-a-foreign-agent/] Abgerufen am 26.07.2024.

2 »Lawrow sorgt mit Nazi-Vergleich für Empörung« (Mai 2022) [https://orf.at/stories/3263192/] Abgerufen am 26.07.2024.

zu ihrem Judentum oder entdeckten es neu. Vor allem in den großen Städten – Moskau voran – wurden Synagogen neu gebaut, jüdische Feste gefeiert und Gemeinden gegründet.

Finanziert wurden sie jedoch in erster Linie von einigen wenigen Oligarchen, die unter Boris Jelzin in den 90er Jahren zu großem Reichtum gelangt waren. Zahlreiche dieser Geschäftsleute waren jüdisch – und zeigten sich großzügig. Als Wladimir Putin zur Jahrtausendwende Boris Jelzin als Präsident ablöste, wurden einige dieser Oligarchen dem neuen starken Mann ein Dorn im Auge, da sie sich nicht scheuten, Kritik an Putin zu üben.

Einer von ihnen war Wladimir Gussinski, den Putin schnell als Feind ausmachte. Gussinski hatte Ende der 90er Jahre mit großzügigen Spenden dazu beigetragen, jüdisches Leben in Russland aufzubauen. Von 1996 bis 2000 war er Präsident des Dachverbands Russisch-Jüdischer Kongress.

Als Gussinski in Ungnade fiel, hatte das negative Auswirkungen auf einen Teil der Gemeinschaft, denn der Kreml förderte gezielt eine separate Struktur, die vom Rabbiner der Chabad-Lubawitsch-Bewegung, Berel Lazar, angeführt wurde und dem Regime treu ergeben war.

Lazar wurde am Hofe Putins das, was man früher einen »Hofjuden« genannt hätte. Den Titel »Putins Rabbiner« bekam er nicht umsonst. Er hatte auch kein Problem damit. Lazar äußert nie öffentliche Kritik am Kreml. Er hat das Ohr Putins. Aber umgekehrt ist er auch Sprachrohr des Kremls im Ausland und gegenüber der jüdischen Gemeinschaft.[3] Lazar nennt sich zwar »Oberrabbiner der Russischen Föderation«, aber er vertritt nur eine Minderheit der Juden im Land.

Sein Handeln über die letzten 20 Jahre hinweg trug dazu bei, dass eine allzu rosige Sicht über die Lage der Juden in Russland in die Welt getragen wurde. Der Antisemitismus sei angeblich besiegt, konnte man noch vor wenigen Jahren den westlichen Medien entnehmen. Auch jüdische Führer plapperten das nach. Doch in

---

3 Klein, Zvivka, »Russian Chief Rabbi Lazar addresses Putin: 'No peace with terrorists'« (Oktober 2023) [https://www.jpost.com/international/islamic-terrorism/article-770387] Abgerufen am 26.07.2024.

Russland war nicht alles Gold, was glänzte. Spätestens mit dem Krieg gegen die Ukraine wurde das allen deutlich. Die überwältigende Mehrheit der russischen Juden ist gegen diesen Krieg.

Als ich Anfang März 2022 Moskau verließ, um ins Exil zu gehen, wurde diskutiert, wer mir als Moskaus Oberrabbiner nachfolgen sollte. Der Leiter einer kleinen Gemeinde in der Hauptstadt, Schlomo Zlotsky, war zunächst der einzige Kandidat, der für die Behörden akzeptabel war, denn der Zentralrat religiöser jüdischer Gemeinschaften (KEROOR) hatte sich geweigert, die »Spezialoperation« zu unterstützen. Deshalb beschlossen die russische Regierung und der Geheimdienst FSB, Zlotskys Berufung zum Oberrabbiner Moskaus zu betreiben.

Im Gegenzug sollte Zlotsky den Ukraine-Feldzug öffentlich unterstützen. Das tat er auch und trat in einem staatlichen Fernsehsender auf, wo er ein sehr verworrenes Statement abgab. Als einer der ganz wenigen Verantwortlichen der jüdischen Gemeinschaft segnete er Putins Krieg ab.

Das Oberrabbinat in Israel war sehr beunruhigt über die Entwicklung in Moskau. Es gab ein Schreiben heraus, in dem es erklärte, dass es mich weiterhin als Oberrabbiner und Leiter des Beit Din, des rabbinischen Gerichts, ansehen würde. Auch die Gemeinde, die für die Wahl des Rabbiners zuständig war, war besorgt. In einer Versammlung wurde ich auf weitere sieben Jahre wiedergewählt – in Abwesenheit.

Es war angesichts der Umstände eine eher symbolische Wahl und ein Zeichen, mit dem die jüdische Gemeinde ihr Missfallen gegen das Regime ausdrücken konnte. Wäre das nicht geschehen, hätte der FSB wohl die Mär gestreut, dass Pinchas Goldschmidt wegen mangelnder Beliebtheit oder gar wegen eines Skandals habe gehen müssen.

Doch einfach hinnehmen wollten die Behörden die Sache auch nicht. Ich erhielt ein förmliches Schreiben von Oberrabbiner Adolf Schajewitsch, dass mein Vertrag nicht verlängert würde.

Im Frühsommer 2022 gab ich der Zeitschrift »Mishpacha« ein Interview[4] und erklärte zum ersten Mal selbst, warum ich unter Putin nicht nach Russland zurückkehren würde. Der Artikel wurde ins Russische übersetzt. Einige Tage später suchte der FSB die Leitung der Moskauer jüdischen Gemeinde auf und verlangte, dass der Vertrag mit mir aufgelöst werden muss. Mir war klar, dass ich meine Gemeinde gefährden würde, wenn ich an meiner Position festhielte, und erklärte meinen Rücktritt vom Amt des Moskauer Oberrabbiners.

Im Zuge des Krieges verschlechterten sich auch die Beziehungen zwischen Russland und Israel. Als israelische Politiker Moskau für die Invasion der Ukraine tadelten, beschloss der Kreml, Vergeltung zu üben. Opfer war die Jewish Agency for Israel, die weltweit für die Aliya, die Einwanderung von Juden aus der Diaspora nach Israel, zuständig ist.[5]

Obwohl die Jewish Agency für den Auswanderungsprozess nicht mehr unbedingt erforderlich ist, da der administrative Teil von der israelischen Botschaft im jeweiligen Land erledigt wird, ist ihre Unterstützung bei der Übersiedlung und Eingliederung von zentraler Bedeutung.

Das russische Justizministerium schickte der Jewish Agency ein Schreiben, in dem es den Entzug ihrer Akkreditierung ankündigte. Offiziell beschwerte man sich darüber, dass das Sammeln persönlicher Daten russischer Bürger (in diesem Fall jüdischer) auf Servern außerhalb Russlands gegen das Recht verstoße. Der wahre Grund aber waren Erklärungen der israelischen Regierung zum Krieg in der Ukraine. Auch wollte man die Abwanderung von Fachkräften verhindern. Die meist gut ausgebildeten Juden, die das Land verließen, bedeuteten einen nicht zu vernachlässigenden Aderlass für die russische Wirtschaft.

---

4 Guttentag, Gedalia, »Do Svidaniya Vidaniya« (Juli 2022) [https://mishpacha.com/do-svidaniya-russia/] Abgerufen am 26.07.2024.
5 »Russia moves to dissolve Jewish Agency branch that promotes immigration to Israel« (Juli 2022) [https://www.reuters.com/world/europe/russian-justice-ministry-asks-jewish-agency-be-dissolved-2022-07-21/] Abgerufen am 26.07.2024.

Zwar riefen jüdische Verbände in Russland die Juden des Landes zum Bleiben auf. Doch die stimmten mit den Füßen ab. Die Lage war spätestens mit dem Einmarsch in die Ukraine unmöglich geworden. Ein jüdisches Leben unter Putin, dem einige jüdische Führer aus dem Westen vor wenigen Jahren noch bescheinigten, er habe den Antisemitismus erfolgreich bekämpft, scheint in absehbarer Zeit nicht möglich.

Der Dissident Natan Scharansky, der vielleicht bekannteste »Prisoner of Zion« der Sowjetunion, forderte 2022 alle Juden in Russland auf, umgehend das Land zu verlassen. Er hatte gute Gründe. Sicher, niemand besitzt eine Glaskugel. Niemand weiß, was die Zukunft für Russland und die russischen Juden bringen wird. Aber solange Wladimir Putin am Ruder ist, so lange gibt es keine Hoffnung auf ein Wiederaufblühen jüdischen Lebens in dem Land.

Und was ist mit der Ukraine? Auch sie war nach dem Ende der Sowjetunion ein Ort, an dem sich jüdische Gemeinden gründeten. In Kyiv, in Odessa und in vielen anderen Städten blühte jüdisches Leben wieder auf.

Es gibt neben Parallelen zu Russland – eine Gemeinsamkeit ist die Finanzierung durch Oligarchen – auch Unterschiede. Der sichtbarste: Jüdische Politiker in der Ukraine konnten trotz ihres Judentums reüssieren. Die Ukraine hatte bereits einen jüdischen Premierminister, und sie hat mit Wolodymyr Selenskyj sogar einen jüdischen Staatspräsidenten, auf den viele in der Gemeinschaft stolz sind. Ein jüdischer Spitzenpolitiker wäre im Putin-Russland von heute undenkbar.

Auch aus der Ukraine sind im Zuge des Krieges viele Juden geflohen. Es waren aber – und das ist bemerkenswert – zahlenmäßig weniger Juden aus Russland. Zudem hat sich gezeigt, dass die ukrainischen Juden sich überwiegend mit dem politischen System ihres Landes identifizieren. Die Erfahrung des Krieges hat dies noch verstärkt. Gab es vor dem Februar 2022 noch gewisse Sympathien mit Russland und Warnungen vor Judenhass unter den nationalistischen Kräften in der Ukraine, so ist dies mittlerweile verflogen.

Anders in Russland. Dort haben die meisten Juden (von Ausnahmen wie den Putin-nahen Oligarchen abgesehen) Sympathien mit der Opposition oder befinden sich in der »inneren Emigration«. Die jüdische Gemeinschaft Russlands ist Putin, jedenfalls in ihrer Mehrheit, nicht treu ergeben.

Zwar hat der russische Präsident seine jüdischen Claqueure. Doch in der jüdischen Gemeinschaft des Landes gibt es nur wenige in Führungspositionen, die offen Sympathien für den Herrscher im Kreml hegen beziehungsweise diese offen zeigen.

Das Narrativ, dass in Kyiv ein Regime von »Neonazis« am Werk sei, verfängt bei Juden nicht. Behauptungen wie die Lawrows, die schlimmsten Antisemiten seien die Juden selbst, werden als das angesehen, was sie sind: kalkulierte Beleidigungen, die dazu dienen, mit antisemitischen Ressentiments in der Bevölkerung Stimmung zu machen für einen Krieg, der längst nicht die Ergebnisse gebracht hat, die man sich erhofft hatte.

Wenn man auf die russische Geschichte zurückblickt, haben Regime immer dann, wenn das politische System in Gefahr war, versucht, die Wut der Massen auf die jüdische Gemeinschaft zu lenken. Juden waren für Regierungen unterschiedlichster Couleur, von den Zaren über Stalin bis hin zu Putin, ein nützlicher Sündenbock. Auch heute ist das wieder so. Dennoch wurde in den letzten drei Jahrzehnten viel Aufbauarbeit geleistet. Allen war jedoch immer bewusst: Es war ein Tanz auf dem Pulverfass.

Auf absehbare Zeit wird Russland kein gutes Pflaster für Juden und jüdisches Leben sein. Aber das sagte man auch über Deutschland nach 1945. Bekanntlich kam es doch anders. Ich will die Hoffnung auf eine bessere Zukunft deshalb nicht ganz aufgeben.

Päpstliche Diplomatie für die Ukraine
Naiver Pazifismus oder strategische Neutralität?

Ludwig Ring-Eifel

Die überparteiliche Position des Papstes

Die Positionierungen von Papst Franziskus zum russisch-ukrainischen Krieg haben wiederholt zu Irritationen geführt. Anders als unter Johannes Paul II. (1978 – 2005) agiert der Heilige Stuhl diesmal nicht als ideeller Verbündeter »des Westens« in einem Ost-West-Konflikt, sondern sucht eine Rolle *supra partes*. Ein Grund dafür ist weltanschaulicher Natur: Der Kalte Krieg gegen die Sowjetunion und ihre Vasallenstaaten war auch ein Kampf der »freien Welt« (die Religionsfreiheit garantierte) gegen ein totalitäres und weitgehend atheistisches System. Diesmal tritt das aggressive Imperium im Osten als selbsternannter »Verteidiger traditioneller christlicher Werte« auf und handelt im Einklang mit der Russisch-Orthodoxen Kirche, die für den Papst ein wichtiger ökumenischer Gesprächspartner ist. Für den Vatikan ist Putins Russland – anders als einst die Sowjetunion – kein weltanschaulicher Gegner. Papst Franziskus reiht sich auch deshalb nicht in die Phalanx westlicher (freiheitlicher) Staaten ein, die Putin entgegentreten. Vielmehr sucht er eine übergeordnete Position als »Anwalt der gesamten Menschheit«.

Diese speist sich aus einer optimistischen und einer pessimistisch motivierten pazifistischen Grundüberzeugung. Die eine ist die in der Enzyklika »Fratelli tutti« von 2020 formulierte Vision eines Weltfriedens, den er angesichts globaler Herausforderungen wie des Klimawandels für erreichbar hält.[1]

---

[1] Vgl. Franziskus, Enzyklika *Fratelli tutti*, Nr. 35f., Nr. 127 und Nr. 137f.

Auf der anderen Seite steht die Warnung des Papstes vor einem »Dritten Weltkrieg in Stücken«, den er im russisch-ukrainischen Krieg dramatisch eskalieren sieht. Von der hohen Warte eines Weltfriedens-Propheten und eines Weltkriegs-Warners wähnt sich der Papst in der Rolle eines möglichen Vermittlers und verhält sich entsprechend neutral. Er fordert zwar die Achtung des Völkerrechts, die Einhaltung humanitärer Standards und verurteilt den Wahnsinn des Krieges an sich. Doch die Frage, wer in diesem Krieg der Aggressor ist, klammert er weitgehend aus, ja er stellt das westliche Narrativ von der Alleinschuld Russlands sogar mitunter in Frage.

Der Papst knüpft damit an den (gescheiterten) Vermittlungsversuch Benedikt XV. (1914 – 1922) im Ersten Weltkrieg zwischen Deutschland und Frankreich an. Auch damals war der Papst fast allein mit der Auffassung, dass an dem Krieg nicht nur eine Seite (das Deutsche Reich) schuld war. Die Grundhaltung von Papst Franziskus zum Krieg als einem »wahnsinnigen« Geschehen, das außer den Waffenproduzenten nur Verlierer kennt, wurde vermutlich von seinem italienischen Großvater maßgeblich geprägt, über dessen Erfahrungen im Ersten Weltkrieg Franziskus in Interviews anekdotenhaft berichtet hat.[2]

Hinzu kommt die bereits in der Enzyklika Fratelli tutti (2020) formulierte grundsätzliche Infragestellung der kirchlichen Lehre vom gerechten Verteidigungskrieg. Dort schrieb Franziskus: »Deshalb können wir den Krieg nicht mehr als Lösung betrachten, denn die Risiken werden wahrscheinlich immer den hypothetischen Nutzen, der ihm zugeschrieben wurde, überwiegen. Angesichts dieser Tatsache ist es heute sehr schwierig, sich auf die in vergangenen Jahrhunderten gereiften rationalen Kriterien zu stützen, um von einem eventuell ›gerechten Krieg‹ zu sprechen. Nie wieder Krieg!«[3]

---

2 Vgl. Piqué, Elisabetta, »Entrevista de LA NACION con el papa Francisco: 'Quiero ir a Kiev, pero con la condición de ir también a Moscú'« (März 2023) [https://www.lanacion.com.ar/el-mundo/entrevista-de-la-nacion-con-el-papa-francisco-quiero-ir-a-kiev-pero-con-la-condicion-de-ir-tambien-a-nid1103202023/] Abgerufen am 26.07.2024.
3 Franziskus, Enzyklika Fratelli tutti, Nr. 258.

Fest steht, dass der Vatikan immer wieder versucht hat, ohne einseitige Schuldzuweisungen an Russland, den Krieg zu verurteilen und zum Frieden beizutragen. Er tut dies, seit dieser Krieg 2014 mit der Annexion der Krim begonnen hat.

Kommunikationskanäle des Heiligen Stuhls im Krieg

Kaum eine andere Figur von globaler Bedeutung hat sich so oft zum Krieg geäußert wie Papst Franziskus. Er nutzt unterschiedlichste Kommunikationskanäle, um Einfluss zu nehmen. Er tut dies in öffentlichen Ansprachen auf dem Petersplatz, in den Botschaften zum Weltfriedenstag und in den Neujahrs-Ansprachen an die beim Heiligen Stuhl akkreditierten Botschafter. Hinzu kommen zahlreiche Interviews sowie Pressekonferenzen.

Neben dem Papst äußern sich Kardinalstaatssekretär Pietro Parolin sowie der »vatikanische Außenminister«, der aus Großbritannien stammende Erzbischof Paul Gallagher. Ihre öffentlichen Stellungnahmen sind eher selten. Zudem gibt es die Nuntien in Kyjiw und Moskau, die meist diskret arbeiten. Da Parolin und Gallagher Berufsdiplomaten sind, weichen ihre Äußerungen in Wortwahl und Stil manchmal von denen des Papstes ab. Denn Franziskus spricht als Religions-Oberhaupt oft in Begriffen, die nicht den Regeln der internationalen Politik entsprechen. Aber auch inhaltlich zeigen sich manchmal Unterschiede zwischen dem Papst und seinem außenpolitischen Personal.

Aber Franziskus nutzt auch andere Kanäle für seine Friedenspolitik. In den ersten Wochen des Kriegs entsandte er die Kardinäle Konrad Krajewski und Michael Czerny mit humanitären Aufträgen in die Ukraine. Dabei ging es vor allem um eine symbolische Präsenz. In den Worten des Papstes: »Die Anwesenheit der beiden Kardinäle dort ist nicht nur die Gegenwart des Papstes, sondern die des gesamten christlichen Volkes, das seine Nähe zeigt und sagt:

›Der Krieg ist ein Irrsinn! Bitte hört auf! Schaut euch diese Grausamkeit an!‹«[4]

Schon bei dieser Gelegenheit sagte der Papst: »Der Heilige Stuhl ist bereit, alles zu tun, um sich in den Dienst des Friedens zu stellen.« Dieser Satz löste schon bald Spekulationen aus, dass er bereit sein könnte, persönlich nach Kyjiw und Moskau zu reisen, um sich für den Frieden einzusetzen.

Zu einer solchen Reise kam es jedoch nicht. Den Grund erklärte er in einem Interview mit der argentinischen Zeitung La Nación. Darin machte er klar, dass er die Hürde für eine solche Friedensmission so hoch gelegt hatte, dass sie nahezu unmöglich war. Anders als westliche Politiker, die in Kyjiw oder Butscha ihre Solidarität mit der Ukraine demonstrierten, erklärte der Papst, er könne nur dann nach Kyjiw reisen, wenn er auch Moskau besuchen würde – ein Traum, den schon die Päpste vor ihm in einfacheren außenpolitischen Konstellationen nie verwirklichen konnten. Bei dieser Gelegenheit lobte Franziskus Präsident Putin (mehr als ein Jahr nach dem Beginn der Invasion) als einen »gebildeten Mann, mit dem man Gespräche auf hohem Niveau führen kann«.[5]

Zwei Monate nach dem Interview und eine Woche nach einem Gespräch mit dem ukrainischen Präsidenten Wolodymyr Selenskyj im Vatikan eröffnete Franziskus einen weiteren Gesprächskanal, eine Art »humanitäre Parallel-Diplomatie«. Er beauftragte den Vorsitzenden der Italienischen Bischofskonferenz Kardinal Matteo Zuppi mit einer vage definierten »Friedensmission«. Den Auftrag umschrieb der vatikanische Pressesprecher Matteo Bruni am 20. Mai 2023 mit den Worten:

> »Papst Franziskus hat Kardinal Matteo Zuppi […] damit beauftragt […], in Absprache mit dem Staatssekretariat eine Mission zu leiten, die dazu beitra-

---

4 Papst Franziskus, »Le parole del Papa alla recita dell´ Angelus« (März 2022) [https://press.vatican.va/content/salastampa/it/bollettino/pubblico/2022/03/06/0160/00340.html] Abgerufen am 26.07.2024.
5 Piqué, 2023.

gen soll, die Spannungen im Konflikt in der Ukraine abzubauen, in der Hoffnung, die der Heilige Vater nie aufgegeben hat, dass dadurch Wege des Friedens eingeleitet werden können.«[6]

Zuppi hat seither mehr oder weniger hochrangige Gesprächspartner in Washington, Kyjiw, Moskau und Peking getroffen, seine Äußerungen über eine mögliche Friedenslösung blieben jedoch vage. Später Zeit schraubte Zuppi die Erwartungen an die Mission weiter herunter, dass nur noch humanitäre Vermittlungen beim Austausch von Kriegsgefangenen sowie bei der Rückführung von Minderjährigen in die Ukraine erwartet wurden.

Einen weiteren Kommunikationskanal hat Papst Franziskus auf der Ebene der Religionsgemeinschaften. Sein russisches Gegenüber in dieser Funktion ist der Moskauer Patriarch Kirill. Das Oberhaupt der weltweit größten Kirche der Orthodoxie steht, ganz in orthodoxer Tradition, dem Herrscher seines Staates sehr nahe. Auch deshalb ist es aufschlussreich, die Kommunikation des Papstes mit dem Patriarchen zum Thema Ukraine genauer zu betrachten.

Vatikanische Äußerungen zum Krieg von 2014 bis 2024

Da faktische Erfolge der vatikanischen Diplomatie in diesem Krieg kaum messbar sind, beschränkt sich diese Analyse auf das, was der Papst und seine diplomatischen und para-diplomatischen Akteure öffentlich geäußert haben.

Eine der ersten öffentlichen Äußerungen des Papstes fiel zwei Tage nach der Unterzeichnung des Minsker Abkommens vom 5. September 2014. Mit diesem Abkommen sollten die damals noch wie ein regionaler Separatismus-Konflikt erscheinenden Scharmützel im Osten der Ukraine befriedet werden. Das Abkommen bezeichnete der Papst als »bedeutenden Schritt bei der Suche nach ei-

---

6 »Ukraine: Papst betraut Kardinal Zuppi mit einer Friedensmission« (Mai 2023) [https://www.vaticannews.va/de/vatikan/news/2023-05/papst-betraut-kardinal-zuppi-friedensmission-ukraine-bruni-pm.html] Abgerufen am 26.07.2024.

nem Waffenstillstand in den Regionen, die vom Konflikt in der östlichen Ukraine betroffen sind.«[7] Er hoffte, dass diese »Bemühungen zu einem dauerhaften Frieden beitragen können.«[8]

Auch die Annexion der Krim im März 2014 hatte der Heilige Stuhl öffentlich nicht gerügt. Zwei Jahre danach traf Franziskus als erster Papst der Kirchengeschichte das Oberhaupt der Russisch-Orthodoxen Kirche. Das Ereignis fand am 12. Februar 2016 auf dem Flughafen von Havanna statt. Das kirchliche Gipfeltreffen zwischen »Rom« und »Moskau« war für den Papst ein diplomatischer und religionspolitischer Erfolg. Doch der Preis war hoch. Franziskus stimmte einer gemeinsamen Erklärung zu, die viele Ukrainer als verletzend empfanden. In dem Text wurde der seit zwei Jahren schwärende hybride Krieg Putins als »Auseinandersetzung in der Ukraine« bezeichnet. Dass dahinter Russland stand, blieb unerwähnt. Wörtlich hieß es in der Erklärung:

> »Wir bedauern die Auseinandersetzung in der Ukraine, die bereits viele Opfer gefordert, unzählige Verwundungen bei den friedlichen Einwohnern verursacht und die Gesellschaft in eine schwere wirtschaftliche und humanitäre Krise geworfen hat. Wir laden alle Konfliktparteien zur Besonnenheit, zur sozialen Solidarität und zum Handeln ein, um den Frieden aufzubauen.«[9]

Zu dem Treffen war Kirill mit Putins Präsidentenmaschine nach Kuba geflogen. Die riesige Iljuschin Il-96-300-PU mit der Aufschrift »Rossia« bildete den optischen Hintergrund für die von Umarmungen und Freundlichkeiten begleitete Zeremonie. Auf ukrainischer Seite wurde die Erklärung von Havanna scharf kritisiert. Das geistliche Oberhaupt der griechisch-katholischen Minderheit in der Ukraine, Großerzbischof Swiatoslaw Schewtschuk, berichtete in einem Interview, zahlreiche Ukrainer hätten sich »enttäuscht und

---

7   Papst Franziskus, »Le parole del Papa alla recita dell´ Angelus« (September 2014) [https://press.vatican.va/content/salastampa/it/bollettino/pubblico/2014/09/07/0615/01366.html] Abgerufen am 26.07.2024.
8   Ebd.
9   »Gemeinsame Erklärung von Papst Franziskus und Patriarch Kirill von Moskau und dem ganzen Rus« (Februar 2016) [https://www.vatican.va/content/francesco/de/speeches/2016/february/documents/papa-francesco_20160212_dichiarazione-comune-kirill.html] Abgerufen am 26.07.2024.

von Rom verraten« gefühlt. Der Papst reagierte darauf in einer Pressekonferenz und machte deutlich, dass er seine Rolle in dem Konflikt als eine *supra partes* versteht: Er habe mit dem russischen und mit dem ukrainischen Präsidenten gesprochen. Und darüber, was ein Krieg sei und wer ihn angefangen habe, gebe es unterschiedliche Meinungen.[10]

Als der hybride Krieg im Donbass sechs Jahre später in eine offene kriegerische Aggression Russlands mündete, blieb der Papst bei ähnlichen Begrifflichkeiten. Am Tag vor dem russischen Einmarsch ergriff Franziskus nicht Partei für die Ukraine, sondern machte sich beim Angelusgebet zum Sprecher der Menschheit, indem er sagte: »So wie ich empfinden viele Menschen in aller Welt Angst und Sorge. Wieder einmal ist der Friede aller bedroht von einzelnen Interessen […]. Ich bitte alle beteiligten Parteien, dass sie sich von Handlungen fernhalten, die noch mehr Leiden über die Bevölkerung bringen, das Zusammenleben destabilisieren und das Völkerrecht diskreditieren.«[11]

Am Tag nach dem Angriff wählte auch Kardinal Parolin unparteiische Formulierungen, die den Konflikt aus einer quasi planetarischen Perspektive beschrieben. Er wiederholte den Papstappell vom Vortag und führte aus: »Dieser Appell bekommt eine dramatische Dringlichkeit nach dem Beginn der militärischen Operationen Russlands auf dem Gebiet der Ukraine.« Dennoch bleibe »Raum für Verhandlungen und für ein Handeln in Weisheit, das verhindert, dass sich die einzelnen Interessen durchsetzen, das die legitimen Bestrebungen aller schützt und das der Welt den Wahnsinn und die Schrecken des Krieges erspart.«[12]

Immerhin wurde Parolin insofern konkreter, als er von »militärischen Operationen Russlands auf dem Gebiet der Ukraine« und

---

10 Vgl. »Pressekonferenz von Papst Franziskus auf dem Rückflug nach Rom« (Februar 2016) [https://press.vatican.va/content/salastampa/it/bollettino/pubblico/2016/02/18/0136/00288.html] Abgerufen am 26.07.2024.

11 »L'Udienza Generale« (Februar 2022) [https://press.vatican.va/content/salastampa/it/bollettino/pubblico/2022/02/23/0131/00273.html] Abgerufen am 26.07.2024.

12 »Dichiarazione del Cardinale Segretario di Stato Pietro Parolin« (Februar 2022) [https://press.vatican.va/content/salastampa/it/bollettino/pubblico/2022/02/24/0137/00298.html] Abgerufen am 26.07.2024.

nicht mehr bloß von einem »Konflikt in der Ukraine« sprach. Ansonsten wich er nicht von der Diktion des Papstes ab. Begriffe wie Aggression oder (legitime) Verteidigung verwendete er nicht.

Papst Franziskus nutzte in den ersten Wochen des Krieges jede weitere öffentliche Ansprache, um in immer dramatischeren Worten die Schrecken des Krieges zu beschwören. Er verurteilte »die Kriegführenden« oder »die diabolische und perverse Logik der Waffen«. Es dauerte einen Monat, bis er das Wort »Invasion« in den Mund nahm. Das war am 27. Februar 2022 beim Angelusgebet. Der Papst sagte: »Mehr als ein Monat ist seit dem Beginn der Invasion der Ukraine, seit dem Beginn dieses grausamen und unsinnigen Krieges vergangen, der, wie jeder Krieg, eine Niederlage aller Menschen bedeutet.«[13]

Auch diesmal nannte der Papst nicht Russland als Aggressor und erwähnte das legitime Recht des angegriffenen Staates auf Selbstverteidigung nicht. Stattdessen steigerte er noch einmal seine Verurteilung des Kriegs an sich, den er als »Bestialität« und »barbarischen und gotteslästerlichen Akt« bezeichnete.

Zwei Monate später, die russischen Invasoren hatten inzwischen den Süden der Ukraine eingenommen, zeigte sich der Papst im Interview des »Corriere della Sera« weitgehend hilf- und ratlos. Er erwähnte, dass sein Draht zu Patriarch Kirill abgebrochen sei, nachdem der Papst ihm in einer Videokonferenz vorgeworfen hatte, sich wie ein »Staatskleriker« Putins zu verhalten. Auch Putin verweigere ihm das Gespräch, obwohl der Kardinalstaatssekretär diesen Wunsch in Moskau deponiert habe. Und nun rücke Russland immer weiter vor. In diesem Gespräch, aus dem die Zeitung nur einzelne Zitate veröffentlichte, versuchte der Papst erstmals eine Erklärung für das Verhalten Putins. Vielleicht sei es das »Bellen der Nato vor den Toren Russlands« gewesen, das Putin provoziert habe. Dessen »Zorn« sei durch das Verhalten der Nato, wenn nicht provoziert, dann aber vielleicht doch »gefördert« worden.[14]

---

13   Papst Franziskus, »Le parole del Papa alla recita dell' Angelus«, (Februar 2022) [https://press.vatican.va/content/salastampa/it/bollettino/pubblico/2022/02/27/0143/00303.html] Abgerufen am 26.07.2024.
14   Vgl. Fontana, Luciano, »intervista a Papa Francesco: 'Putin non si ferma, voglio incontrarlo a Mosca. Ora non vado a Kiev'« (Mai 2022) [https://www.corriere.

Die Äußerungen des Papstes sorgten im Westen für Verstimmung. Zehn Tage später sprach Außenminister Gallagher in einem Fernsehinterview der RAI, offenbar um die Wogen nach dem Papstinterview zu glätten, erstmals davon, dass die Ukraine ein Recht auf Selbstverteidigung habe und Waffenlieferungen an das überfallene Land gerechtfertigt seien.[15]

Als der Papst ein halbes Jahr nach der Invasion davon sprach, dass der »Wahnsinn des Krieges« auf beiden Seiten herrsche, kam es fast zu einem diplomatischen Eklat. Der bei der Rede anwesende ukrainische Botschafter Andrij Jurasch sagte unmittelbar danach der Katholischen Nachrichten-Agentur (KNA), es sei »nicht angemessen, die Ukraine und Russland in dieser Situation auf eine Stufe zu stellen«. Nicht die Ukraine habe Russland angegriffen, sondern Tausende russische Soldaten hätten unschuldige ukrainische Zivilisten ermordet. Schließlich griff das Staatssekretariat des Heiligen Stuhls zu einem ungewöhnlichen Mittel. Es veröffentlichte am 30. August 2022 eine Erklärung, in der es die Äußerungen des Papstes korrigierend einordnete. Darin heißt es:

> »Es wurde öffentlich darüber diskutiert, welche politische Bedeutung diesen Äußerungen zuzuordnen ist. In dieser Hinsicht ist zu unterstreichen, dass die Worte des Heiligen Vaters in diesem Drama als eine Stimme zur Verteidigung des menschlichen Lebens [...] zu verstehen sind und nicht als politische Stellungnahmen. Bezüglich des umfangreichen Kriegs in der Ukraine, den die Russische Föderation begonnen hat, sind die Äußerungen des Heiligen Vaters Franziskus klar und eindeutig: Sie verurteilen diesen Krieg als moralisch nicht gerechtfertigt, nicht akzeptabel, barbarisch, sinnlos, widerwärtig und gotteslästerlich.«[16]

Drei Wochen später sprach der Papst in einer Pressekonferenz auf dem Rückflug von Kasachstan in allgemeinen Worten davon, dass

---

it/cronache/22_maggio_03/intervista-papa-francesco-putin-694c35f0-ca57-11ec-829f-386f144a5eff.shtml] Abgerufen am 26.07.2024.

15 Vgl. von Kempis, Stephan / Ceraso, Gabriela, »Vatikan: ‚Ukraine hat ein Recht auf Selbstverteidigung'« (Mai 2022) [https://www.vaticannews.va/de/vatikan/news/2022-05/gallagher-politik-vatikan-papst-ukraine-russland-krieg-kyrill.html] Abgerufen am 26.07.2024.

16 »Communicato della Santa Sede« (August 2022) [https://press.vatican.va/content/salastampa/it/bollettino/pubblico/2022/08/30/0627/01269.html] Abgerufen am 26.07.2024.

auch ein angegriffenes Land ein moralisches Recht auf Selbstverteidigung habe.[17]

Die folgenden Monate des Krieges begleitete der Papst mit immer neuen Appellen für das »gequälte ukrainische Volk«. Währenddessen suchten seine Diplomaten und sein Friedensbeauftragter Zuppi nach »humanitären Wegen zur Überwindung des Hasses« und wirkten erfolgreich mit bei der Rückführung verschleppter ukrainischer Kinder und beim Austausch von Kriegsgefangenen.

Anfang März 2024 sorgte ein neues Wort des Papstes weltweit für Aufsehen. In einem Schweizer Fernsehinterview sagte er: »Ich glaube, dass derjenige der Stärkere ist, der die Lage begreift, der an die Bevölkerung denkt, der den Mut zur Weißen Flagge, zur Verhandlung hat.«[18] Wenig später betonte er: »Verhandeln ist nie eine Kapitulation. Es ist der Mut, das Land nicht in den Selbstmord zu führen.«[19]

Damit ging er über die allgemeine Verurteilung des Krieges hinaus und machte einen pragmatischen Vorstoß, der weithin als Rat an die im Krieg strukturell unterlegene Ukraine verstanden wurde. Wieder mussten vom Pressesprecher bis zum Nuntius in Kyjiw viele einspringen, um die Worte des Papstes einzuordnen und ihn gegen eine im gesamten Westen aufbrandende Empörungswelle in Schutz zu nehmen.

Der italienische Historiker Andrea Riccardi, Gründer der Gemeinschaft von Sant'Egidio, machte in dieser Debatte deutlich, dass die pazifistische Position des Papstes in diesem Krieg auch eine realistische sein könnte. Er argumentierte, dass die Ukraine an einem

---

17 Vgl. »Press Conference on the return flight to Rome« (September 2022) [https://www.vatican.va/content/francesco/en/speeches/2022/september/documents/20220915-kazakhstan-voloritorno.html] Abgerufen am 26.07.2024.
18 Sacharowa, Maria, »Papst irritiert mit Aussagen zum Ukrainekrieg« (März 2024) [https://www.srf.ch/play/tv/srf-news-videos/video/papst-irritiert-mit-aussagen-zum-ukrainekrieg?urn=urn:srf:video:a8d01af8-7b41-4061-a607-4eb5ee2ff8a9] Abgerufen am 26.07.2024.
19 Ebd.

Scheideweg stehe. Die Alternative seien »die Niederlage der Ukraine oder ihr allmähliches Ausbluten in einem noch größeren Krieg«.[20]

Seit eine Entsendung westlicher Truppen in die Ukraine nicht mehr ausgeschlossen wird, hat der Papst seine Weltkriegs-Warnungs-Rhetorik noch einmal verschärft. In seiner Oster-Ansprache 2024 sagte er:

> »Lassen wir nicht zu, dass immer stärker werdende Winde des Krieges über Europa […] wehen. Erliegen wir nicht der Logik der Waffen und der Aufrüstung. Frieden wird niemals mit Waffen geschaffen, sondern indem man die Hände ausstreckt und die Herzen öffnet.«[21]

Offenbar sieht sich Franziskus, je länger der Krieg dauert und je weiter er sich ausdehnt, in seiner pazifistischen Haltung umso mehr bestätigt. Die seit Beginn des Konflikts durchgehaltene Entscheidung des Papstes, in diesem Krieg den Aggressor nicht klar zu benennen und zu verurteilen, bleibt indes hoch problematisch und droht die moralische Autorität des pazifistischen Papstes zu untergraben. Umso überraschender war es, dass der ukrainische Präsident Selenskyj und sein Vatikan-Botschafter Yurasch nach einem erneuten Besuch beim Papst am 11. Oktober 2024 ihren Tonfall mit Blick auf den Vatikan deutlich änderten. Selenskyj dankte dem Vatikan insbesondere für dessen humanitäre Bemühungen, und Yurasch sprach von einem »neuen Niveau der beiderseitigen Beziehungen«[22].

Ludwig Ring-Eifel (Jg. 1960) ist Chefkorrespondent der Katholischen Nachrichten-Agentur (KNA) und Leiter des gemeinsamen

---

20 »Riccardi verteidigt Papstworte zur Ukraine« (März 2024) [https://www.vaticannews.va/de/welt/news/2024-03/riccardi-papst-franziskus-ukraine-krieg-russland-weisse-fahne.html] Abgerufen am 26.07.2024.
21 Papst Franziskus, »Botschaft Urbi et Orbi von Papst Franziskus« (März 2024) [https://www.vatican.va/content/francesco/de/messages/urbi/documents/20240331-urbi-et-orbi-pasqua.html] Abgerufen am 26.07.2024.
22 »Ukrainischer Vatikanbotschafter: Neues Vertrauenslevel« (Oktober 2024) [https://katholisch.de/artikel/56721-ukrainischer-vatikanbotschafter-neues-vertrauenslevel] Abgerufen am 26.07.2024.

Korrespondentenbüros deutschsprachiger katholischer Nachrichtenagenturen in Rom (CIC).

Ukrainische Kirchen und religiöse Gemeinschaften in der Invasion
Übersehene Beiträge?

Vladyslav Zaiets

Im Februar 2024 jährt sich der russische Angriffskrieg gegen die Ukraine zum zehnten Mal. Es ist der zweite Jahrestag der unprovozierten und ungerechtfertigten Invasion der Ukraine durch Russland. Der von der Russischen Föderation entfesselte Angriffskrieg hat tiefes Leid über das ukrainische Land gebracht und den Tod von Hunderttausenden von Menschen, die Zerstörung von Städten und ziviler Infrastruktur sowie die größte Migrationskrise in Europa seit dem Zweiten Weltkrieg verursacht. Sie hat zur Verletzung des humanitären Völkerrechts und der Grundrechte und -freiheiten, einschließlich der Religionsfreiheit, in den vorübergehend besetzten Gebieten der Ukraine geführt.

Die Kirchen und religiösen Organisationen der Ukraine, die ein integraler Bestandteil der ukrainischen Gesellschaft sind, wurden ebenfalls zur Zielscheibe der militärischen Aggression der Russischen Föderation. Dutzende von Geistlichen und Vertretern verschiedener Kirchen wurden vom russischen Militär getötet, und mehr als 600 religiöse Gebäude wurden durch russische Luft-, Raketen- und Artillerieangriffe zerstört oder beschädigt. In den vorübergehend besetzten Gebieten werden Geistliche verschiedener Konfessionen, darunter griechisch-katholische Priester, Pfarrer protestantischer Kirchen und Vertreter anderer Konfessionen, unrechtmäßig in Gefängnissen festgehalten und es herrscht ein Regime totaler religiöser Kontrolle. Gleichzeitig hat seit dem Beginn der Invasion die Bedeutung von Kirchen und religiösen Organisationen stark zugenommen.

Um eben diesen Beitrag der vielen Religionsgemeinschaften in der Ukraine geht es in der vorliegenden Publikation. Konkret wird die Bedeutung der ukrainischen griechisch-katholischen Kirche, der römisch-katholischen Kirche, der protestantischen Kirchen, der muslimischen Gemeinschaften, der jüdischen Organisationen und der buddhistischen Gemeinschaften beschrieben. Diese Akteure tragen dazu bei, dass die russische Aggression gegen die Ukraine abgewehrt, die nationale Identität behauptet und die geistige Stabilität des ukrainischen Volkes in seinem Kampf um Freiheit und Unabhängigkeit bewahrt werden.

Ukrainische griechisch-katholische Kirche

Die Ukrainische griechisch-katholische Kirche (UGKK) ist im religiösen Leben der Ukraine von großer Bedeutung und ist nach der Orthodoxen Kirche der Ukraine (Metropolit Epiphanius) und der Ukrainischen Orthodoxen Kirche (Metropolit Onufriy) die drittgrößte Kirche in der Ukraine. Sie ist Teil des Allukrainischer Rat der Kirchen und religiösen Organisationen (UCCRO), zu deren Mitgliedern die römisch-katholische Kirche, andere orthodoxe und protestantische Kirchen sowie jüdische und muslimische Religionsgemeinschaften gehören.[1]

Seit dem Beginn der russischen Invasion hat die UGKK eine wichtige Rolle bei der Unterstützung des ukrainischen Volkes auf geistlicher und humanitärer Ebene gespielt. Am Vorabend der russischen Aggression gegen die Ukraine rief die UGKK gemeinsam mit anderen Konfessionen in der UCCRO Präsident Wladimir Putin auf, »das wütende Feuer des Krieges zu stoppen«[2]. Dieser Appell wurde jedoch von der Führung der Russischen Föderation ignoriert. Danach gab die Kirche sowohl gemeinsam mit anderen Konfessionen als auch unabhängig davon Erklärungen zu verschiedenen Aspekten der russischen Militäraggression gegen die Ukraine und zur Unterstützung des ukrainischen Volkes ab. Dazu ge-

---

1 Vgl. UCCRO, »Information about UCCRO« [https://vrciro.org.ua/en/council/info] Abgerufen am 26.07.2024.
2 Ukrainian Council of Churches and Religious Organizations, »Ukrainian Council of Churches Calls on President Putin to Stop the War« (Februar 2022) [https://vrciro.org.ua/en/statements/uccro-calls-on-president-putin-to-stop-the-war] Abgerufen am 26.07.2024.

hörten eine Ansprache zur militärischen Aggression Russlands gegen die Ukraine,[3] die Pastoralbotschaft der Bischofssynode der UGKK in der Ukraine über Patriotismus als Liebe zum Volk und zum Vaterland[4] und die Botschaft der Bischofssynode der UGKK in der Ukraine über Krieg und gerechten Frieden im Kontext neuer Ideologien.[5]

Die größte karitative Einrichtung der Kirche, der internationale Wohltätigkeitsfonds »Caritas Ukraine«, versorgte die Bedürftigen in den ersten Tagen des Krieges mit Lebensmitteln und lebensnotwendigen Gütern, bis die humanitäre Hilfe von internationalen Partnern und Glaubensbrüdern aus dem Ausland in der Ukraine ankam. Neben der ukrainischen Caritas steuerten auch andere karitative Einrichtungen der UGKK wichtige soziale Unterstützung bei, darunter die Patriarchalische Stiftung »Mudra Sprava«, »Knights of Columbus« und andere.[6]

In Anbetracht der jüngsten Herausforderungen des Krieges und der Notwendigkeit, angemessen darauf zu reagieren, hat die UGKK im Herbst 2023 einen Pflichtkurs für Geistliche mit dem Titel »Healing the Wounds of War« eingeführt. Hauptziel des Kurses ist es, die Priester darin zu unterrichten, all jenen, die unter dem Krieg gelitten haben, professionelle Hilfe und Betreuung zukommen zu lassen. Bis Anfang 2024 hatten 445 Kleriker der UGKK in der Ukraine das Programm abgeschlossen und Zertifikate erhalten.

---

3   Vgl. Ukrainian Council of Churches and Religious Organizations, »UCCRO Address Regarding Russian Military Aggression Against Ukraine« (Februar 2022) [https://vrciro.org.ua/en/statements/uccro-address-regarding-russian-military-aggression-against-ukraine] Abgerufen am 26.07.2024.
4   Vgl. Synod of Bishops of the UGCC, »Pastoral Message on Patriotism as Love for One's People and the Motherland« (Dezember 2022) [https://docs.ugcc.ua/1628/] Abgerufen am 26.07.2024.
5   Vgl. Synod of Bishops of the UGCC, »Message on War and Just Peace in the Context of New Ideologies« (Februar 2024) [https://docs.ugcc.ua/1723/] Abgerufen am 26.07.2024.
6   Vgl. Knights of Columbus, »Mercy in Practice - 3 Thousand Tons of Aid for Ukraine« (April 2023) [https://rkc.org.ua/blog/2023/04/18/lyczari-kolumba-i-ukrayina-ponad-rik-solidarnosti-z-postrazhdalymy-vid-vijny/] Abgerufen am 26.07.2024.

Das Programm »Healing the Wounds of War« bietet auch entsprechende Kurse für die Ehefrauen von Priestern und Ordensleuten der Kirche an.[7]

Die UGKK betreibt aktive Lobbyarbeit auf internationaler Ebene, sowohl unabhängig als auch in Zusammenarbeit mit anderen Konfessionen, um genaue Informationen über den Krieg in der Ukraine zu verbreiten. Zu den Bemühungen gehören u. a. der Besuch der UCCRO im Vatikan (Januar 2023) und Treffen der »Conference of European Churches« (Juni 2022) und den USA (November 2023). Die Kirche hat ein System für seelsorgerische Betreuung von ukrainischen Flüchtlingen entwickelt, die sich aufgrund der russischen Aggression in verschiedenen Ländern aufhalten. Darüber hinaus befasst sich die UGKK in Zusammenarbeit mit anderen ukrainischen Kirchen, religiösen Organisationen und internationalen Partnern mit Fragen des Wiederaufbaus in der Ukraine nach dem Krieg.

Die römisch-katholische Kirche in der Ukraine

Die römisch-katholische Kirche in der Ukraine (RKK) hat 7 Diözesen und über 1.000 religiöse Gemeinschaften. Die RKK beteiligt sich aktiv am interreligiösen Dialog und an der Zusammenarbeit im Allukrainischer Rat der Kirchen und religiösen Organisationen und die Konferenz der christlichen Kirchen der Ukraine.

Seit dem Beginn der Invasion hat die RKK die russische Aggression gegen die Ukraine verurteilt. Gemeinsam mit anderen Religionsgemeinschaften in der Ukraine[8] ruft sie dazu auf, für einen gerechten Frieden zu beten und das ukrainische Volk in seinem

---

7   Vgl. Ukrainian Greek Catholic Church, »The Certified Course ›Healing the Wounds of War‹ for the Clergy of the UGCC Has Started« (September 2023) [https://ugcc.ua/data/startuvav-sertyfikovanyy-kurs-ztsilennya-ran-viyny-dlya-duhovenstva-ugkts-3582/] Abgerufen am 26.07.2024.

8   Vgl. Roman Catholic Church in Ukraine, »Head of the Conference of Bishops of Ukraine: Any Manifestations of Support for the ›Russian Peace‹ Are Unacceptable« (August 2023) [https://rkc.org.ua/blog/2023/08/29/golova-konferenczyi-yepyskopiv-ukrayiny-bud-yaki-proyavy-pidtrymky-russkogo-myra-n eprypustymi/] Abgerufen am 26.07.2024.

Kampf um Freiheit und Unabhängigkeit geistlich und im Gebet zu unterstützen.[9]

Über die religiöse Mission »Caritas-Spes« und mit Unterstützung internationaler Partner leistet die Kirche humanitäre Hilfe für breite Bevölkerungsschichten in Not und führt karitative Projekte in verschiedenen Regionen der Ukraine durch. Derzeit ist die Caritas Ukraine in 23 Regionen der Ukraine und in mehr als 15.000 Siedlungen tätig, darunter auch in Frontgebieten. »Caritas-Spes«[10] wird von über 100 internationalen Partnern weltweit unterstützt. Von Februar 2022 bis heute haben mehr als 1,1 Millionen Menschen humanitäre Hilfe erhalten. Allein im Jahr 2023 wurden 950 Tonnen an humanitären Gütern verteilt und 360.000 Menschen erhielten karitative Hilfe.[11]

Die Priester der RKK kümmern sich um die spirituellen Bedürfnisse der Soldaten und ihrer Familien als haupt- und ehrenamtliche Militärseelsorger der öffentlichen Organisation »Christlicher Heilsdienst«, der Geistliche verschiedener Kirchen angehören und die ein Beispiel für die Zusammenarbeit und das gegenseitige Verständnis der Kirchen im Dienst der ukrainischen Streitkräfte ist.[12]

Vertreter der RKK nehmen am staatlich-kirchlichen Dialog in der Ukraine und an Advocacy-Veranstaltungen auf internationaler Ebene teil, z. B. an Besuchen von UCCRO-Delegationen in Berlin und Brüssel (2022), im Vatikan (2023) und in den USA (2023).

---

9   Vgl. Roman Catholic Church in Ukraine, »Episcopate of Ukraine: October 27 - We Pray and Fast for Peace« (Oktober 2023) [https://rkc.org.ua/blog/2023/10/21/yepyskopat-ukrayiny-27-zhovtnya-molymos-i-postymo-v-namiri-myru/] Abgerufen am 26.07.2024.
10 Die Gründer dieser Mission sind die Bischofskonferenz der RKK in der Ukraine. Daher sind Caritas Ukraine und Caritas-Spes rechtlich verschieden, aber ideologisch bilden sie ein einziges System der karitativen Hilfe.
11 Vgl. Caritas-Spes Ukraine, »Results of Emergency Response Projects« [https://caritas-spes.org/en/page/war] Abgerufen am 26.07.2024.
12 Roman Catholic Church in Ukraine, »Corps of Peacemakers: Activity of Believers in Wartime« (Oktober 2022) [https://rkc.org.ua/blog/2022/10/01/korpus-myrotvorcziv-aktyvnist-viryan-u-chasi-vijny/] Abgerufen am 26.07.2024.

Evangelische Kirchen der Ukraine

Die protestantischen Kirchen in der Ukraine sind durch ein breites Spektrum von Konfessionen vertreten: Baptisten, Pfingstler, Adventisten, Charismatiker, Lutheraner, Reformatoren und andere. Protestantische Religionsgemeinschaften machen etwa 30 % aller religiösen Organisationen in der Ukraine aus. Die größten Zusammenschlüsse protestantischer (evangelikaler) Kirchen in der Ukraine sind die Allukrainische Union der Vereinigungen evangelikaler Christen-Baptisten, die Ukrainische Pfingstkirche und die Ukrainische Unionskonferenz der Kirche der Siebenten-Tags-Adventisten. Die meisten protestantischen Kirchen in der Ukraine sind dem Rat der Evangelisch-Protestantischen Kirchen der Ukraine angeschlossen. Sie beteiligen sich aktiv am interreligiösen Dialog und an der Zusammenarbeit, insbesondere im Rahmen des Allukrainischer Rat der Kirchen und religiösen Organisationen und der Konferenz der christlichen Kirchen der Ukraine.

Im Februar 2023 gaben die Weltweite Evangelische Allianz, die Europäische Evangelische Allianz und der Rat der Evangelisch-Protestantischen Kirchen der Ukraine eine gemeinsame Erklärung ab, in der sie die russische Invasion in der Ukraine verurteilten. Die Erklärung drückte ihre Dankbarkeit gegenüber denjenigen aus, die den Opfern helfen, und forderte den Rückzug der russischen Truppen aus dem ukrainischen Territorium. Sie rief zu Gebeten für den Frieden und den Wiederaufbau der Ukraine nach dem Krieg auf und ermutigte die russischen Christen, ihr Handeln im Lichte der christlichen Werte zu überdenken. Im Februar 2024 rief der Rat der Evangelisch-Protestantischen Kirchen der Ukraine zum 10. Jahrestag des Kriegsbeginns dazu auf, »für die vollständige Niederlage des Feindes, die Wiederherstellung der territorialen Integrität der Ukraine und die Schaffung eines gerechten Friedens zu kämpfen«[13].

Seit dem ersten Tag der russischen Invasion leisten die evangelischen Kirchen mit Unterstützung internationaler Partner und

---

13 Evangelical Christians-Baptists of Ukraine, »Joint Statement of the CEA, EEA and REPCU on the Anniversary of the Russian Invasion« (Oktober 2022) [https://www.chve.org.ua/repcu_zayava-24-02-23/] Abgerufen am 26.07.2024.

aus eigenen Mitteln karitative Hilfe für die Bedürftigen und Opfer des Krieges. Seit über zwei Jahren helfen Freiwillige aus evangelischen Kirchen aktiv bei der Evakuierung von Menschen aus Kriegsgebieten in sichere Regionen der Ukraine. An sicheren Orten erhalten die vertriebenen Flüchtlinge geistliche, psychologische und humanitäre Hilfe sowie Unterstützung bei der Anpassung und Beschäftigung in einer neuen Umgebung.

Der Wohltätigkeitsfonds »Rettet die Ukraine!«in dem Vertreter verschiedener protestantischer Kirchen mit Hilfe internationaler Partner und mit Unterstützung der evangelischen Gemeinden der Ukraine ehrenamtlich tätig sind, hat mehr als 110.000 Menschen aus dem Kriegsgebiet evakuiert, 515 Kinder aus der Russischen Föderation in die Ukraine zurückgebracht und rund 10 Millionen Dollar für humanitäre Projekte in der Ukraine gesammelt.[14]

Vertreter der evangelischen Kirchen in der Ukraine engagieren sich auf internationaler Ebene aktiv für die Verbreitung genauer Informationen über den Krieg in der Ukraine und die Verbrechen der Russischen Föderation gegen die Menschlichkeit. Führende Vertreter der evangelischen Kirchen der Ukraine nahmen unter anderem an den internationalen Gipfeltreffen zur Religionsfreiheit in Washington (USA) in den Jahren 2023 und 2024[15] sowie an der OSZE-Konferenz zur menschlichen Dimension in Warschau (Polen) im September 2023 teil.

Muslimische Gemeinschaften in der Ukraine

Die muslimische Gemeinschaft in der Ukraine ist durch verschiedene geistliche (religiöse) Verwaltungen vertreten. Die bekanntesten sind die Geistliche Verwaltung der Muslime der Autonomen Republik Krim (SAMARC) und die Geistliche Verwaltung der Muslime der Ukraine (SAMU), auch bekannt als »Umma«. SAMU

---

14 Vgl. Save Ukraine, »Charitable Fund ›Save Ukraine!‹« [https://www.saveukraineua.org/about-us/] Abgerufen am 26.07.2024.
15 Vgl. Ukrainian Council of Churches and Religious Organizations, »Ukrainian Religious Leaders Spoke in the USA about Russian Repression in the Occupied Territories« (Oktober 2023) [https://vrciro.org.ua/en/news/2023-uccro-meeting-in-washington] Abgerufen am 26.07.2024.

und SAMARC sind Mitglieder des Allukrainischen Rates der Kirchen und religiösen Organisationen und beteiligen sich aktiv am interreligiösen Dialog und an der Zusammenarbeit.

Seit Beginn der groß angelegten Invasion haben muslimische geistliche Zentren die russische Aggression gegen die Ukraine in kollektiven und individuellen Erklärungen verurteilt. Sie haben auch zu Gebeten für den Frieden aufgerufen und sich auf internationaler Ebene für die Sache eingesetzt. Scheich Ahmed Tamim, der Leiter der religiösen Verwaltung der ukrainischen Muslime, nahm unter anderem an Besuchen in Berlin und Brüssel (Juni 2022) sowie in den USA (November 2023) als Teil der UCCRO-Delegation teil.[16] Im Februar 2023 wies der Mufti von SAMARC, Ayder Rustemov, auf die Probleme der Zwangsmobilisierung der Krimtataren durch die russischen Behörden hin, die dazu geführt hat, dass eine beträchtliche Anzahl von Menschen zur Flucht von der Krim gezwungen wurde. Er machte auch auf Fälle von Folter an Vertretern der krimtatarischen Religionsgemeinschaft aufmerksam, die während der russischen Besetzung der Krim Opfer von Gewalt geworden waren.[17]

Seit Februar 2022 leisten Muslime in der Ukraine humanitäre Hilfe für Kriegsopfer, helfen ihnen bei der Eingewöhnung in neue Wohnorte, engagieren sich aktiv in der Freiwilligenarbeit und bieten muslimischen Soldaten geistliche Unterstützung.

Jüdische Religionsgemeinschaften in der Ukraine

Die jüdischen Religionsgemeinschaften sind in der Ukraine durch mehrere Verbände vertreten, die die Vielfalt des Judentums und

---

16 Vgl. Ukrainian Council of Churches and Religious Organizations, »The Delegation of the Ukrainian Council of Churches Held Meetings at the White House and USCIRF« (November 2023) [https://vrciro.org.ua/ua/events/uccro-meetings-at-white-house-and-uscirf] Abgerufen am 26.07.2024.
17 Vgl. Gordeev, Oleksiy, »Mufti der Geistlichen Verwaltung der Muslime der Autonomen Republik Krim Ayder Rustemov: ›Die Krimtataren, die auf der Halbinsel geblieben sind, sind unsere Fähigkeit, den Russen im Guerillakrieg zu widerstehen‹« (Februar 2023) [https://risu.ua/muftij-duhovnogo-upravlinya-musulman-avtonomnoyi-respubliki-krim-ajder-rustemov-krimski-tatari-y aki-zalishilisya-na-pivostrovi-ce-nash-potential-oporu-rosiyanam-u-partizans kij-vijni_n136799] Abgerufen am 26.07.2024.

seiner verschiedenen Strömungen widerspiegeln. Die wichtigsten jüdischen Religionsverbände in der Ukraine sind die Union der jüdischen religiösen Organisationen der Ukraine (UJROU), die Föderation der jüdischen Gemeinden der Ukraine, der Allukrainische Kongress der jüdischen Religionsgemeinschaften und der Verband der Gemeinden des progressiven Judentums der Ukraine. Diese jüdischen Gemeinden engagieren sich im religiösen Leben und sind aktive Teilnehmer am interreligiösen Dialog und der Zusammenarbeit in der Ukraine.

Seit dem Beginn der groß angelegten Invasion haben die jüdischen Religionsgemeinschaften der Ukraine die russische Aggression gegen die Ukraine verurteilt und sich aktiv an humanitären Projekten zur Unterstützung der Bevölkerung beteiligt.

Der Oberrabbiner der Ukraine, Moshe Reuven Asman, der auch den Allukrainischen Kongress der jüdischen Religionsgemeinschaften (Chabad Lubawitsch) leitet, äußerte sich in einer Videobotschaft empört und stellte Russlands Behauptung der »Entnazifizierung« in Frage. Er fragte: »Von wem: von den einheimischen Russen oder von den Juden?«, und wies auf die Absurdität der russischen Rechtfertigung für seine Invasion hin. Rabbi Asman erzählte die persönliche Geschichte von Zorik (Zoreslav Zamoyskyi), einem Mitglied der Kyiver Brodsky-Synagoge, der während der russischen Besetzung im April 2022 in Buka getötet wurde. Er hob Zorik als eines der vielen unschuldigen Opfer der russischen Gräueltaten in Städten wie Bucha, Irpin und Borodyanka hervor.[18]

> »Es ist für uns offensichtlich, dass Russland bestrebt ist, die Ukrainer im Allgemeinen als Nation, als Volk der Ukraine, zu zerstören und jede Idee eines unabhängigen ukrainischen Staates zu vernichten. Nach dem Zusammenbruch der Sowjetunion begann die Demokratie in der Ukraine zu florieren, es herrschte echte Religionsfreiheit und religiöser Pluralismus. Jetzt aber will Russland alles zerstören und etabliert in den besetzten Gebieten der Ukraine die Ideologie ‚Russki Mir', die die vollständige Zerstörung der ukrainischen Identität und brutale Repressionen gegen alle, die den Besatzern

---

18 Vgl. Zaiets, Alexander u.a (Hg.) »Russian Attack on Religious Freedom in Ukraine: Research, Analysis and Recommendations« Kyiv 2022. [https://irf.in.ua/files/publications/2022.09-IRF-Ukraine-report-UKR.pdf] Abgerufen am 26.07.2024.

nicht treu ergeben sind, sowie gegen alle religiösen Minderheiten beinhaltet«,

sagte Yaakov Dov Bleich, Oberrabbiner von Kyiv und der ukrainischen UJROU bei einer Podiumsdiskussion im US Institute of Peace in Washington.[19]

Im September 2023 traf sich der ukrainische Präsident Volodymyr Zelenskyi mit 32 Rabbinern aus verschiedenen jüdischen Gemeinden, um die Einheit der jüdischen Gemeinschaft in der Ukraine zu betonen und die Rolle der jüdischen Gemeinden bei der Unterstützung der Ukrainer und der Organisation verschiedener humanitärer Projekte hervorzuheben.[20]

Zusammenfassung

Während des Krieges agieren die ukrainischen Kirchen und religiösen Organisationen als aktive und effektive Institutionen der Zivilgesellschaft und genießen ein hohes Maß an öffentlichem Vertrauen. Inmitten der russischen Invasion zeigen die Religionsgemeinschaften praktische Nächstenliebe, indem sie jedem, der sie braucht, geistige und materielle Hilfe zukommen lassen. Diese Religionsgemeinschaften, die Teil der ukrainischen Gesellschaft sind und vielleicht als ungehört oder übersehen gelten, sind in Wirklichkeit ein integraler Bestandteil der Unterstützungs- und Wiederaufbaubemühungen und spielen eine entscheidende Rolle bei der Hilfe für die vom Krieg Betroffenen. Sie bleiben nicht nur nicht ungehört, sondern sind Teil einer lebenswichtigen Gruppe, die in Kriegszeiten hilft und sowohl zum geistigen Wohl als auch zum physischen Überleben des ukrainischen Volkes beiträgt. Die Kirchen und religiösen Organisationen haben kollektive und individu-

---

19 Vgl. Ukrainian Council of Churches and Religious Organizations, »Ukrainian Religious Leaders Spoke in the USA about Russian Repression in the Occupied Territories« (Oktober 2023) [https://vrciro.org.ua/en/news/2023-uccro-meeting-in-washington] Abgerufen am 26.07.2024.
20 Vgl. Ukrainian Jewish Community, »Zelensky Met with Representatives of the Ukrainian Jewish Community« (November 2024) [https://www.ukrinform.ua/rubric-society/3761409-zelenskij-zustrivsa-z-predstavnikami-ukrainskoi-evrejskoi-gromadi.html] Abgerufen am 26.07.2024.

elle Projekte entwickelt, um das ukrainische Volk, bestimmte Bevölkerungsgruppen und Einzelpersonen während des Krieges zu unterstützen. Der interreligiöse Dialog und die Zusammenarbeit zwischen den verschiedenen Glaubensrichtungen in der Ukraine entwickeln sich weiter, sind beispielgebend und tragen zur Konsolidierung der ukrainischen Gesellschaft inmitten der heutigen Herausforderungen bei.

Unter den mehr als 250 Militärseelsorgern in den ukrainischen Streitkräften sind viele Vertreter der UGKK, der RCC, der protestantischen Kirchen sowie jüdischer und muslimischer Vereinigungen. Dies ermöglicht es, den Bedürfnissen aller Soldaten der ukrainischen Streitkräfte gerecht zu werden, wobei die freiwilligen Seelsorger einen sehr wichtigen Beitrag hinsichtlich der spirituellen Bedürfnisse der Soldaten und ihrer Familien leisten, wie Organisationen wie der »Christian Rescue Service« zeigen.

Die ukrainischen Kirchen arbeiten in Zusammenarbeit mit verschiedenen karitativen Organisationen und Behörden aktiv daran, die Rückkehr ukrainischer Kinder aus der Russischen Föderation zu erleichtern. Die Rückkehr ukrainischer Zivilisten aus russischer Gefangenschaft bleibt jedoch sehr schwierig und erfordert die Aufmerksamkeit und das gemeinsame Handeln der internationalen Gemeinschaft. Darüber hinaus leisten die ukrainischen Kirchen und religiösen Organisationen dem ukrainischen Volk im Widerstand gegen die russische Aggression weiterhin geistliche und humanitäre Unterstützung. Sie engagieren sich auch für einen gerechten Frieden in der Ukraine und bereiten sich umfassend auf den Wiederaufbau des Landes nach dem Krieg vor.

Ukrainische Freikirchen nach der Invasion
Kraft der nationalen Neuerfindung?

Joshua T. Searle und Oleksandr Geychenko

I. Einleitung

Seit dem Zusammenbruch der Sowjetunion stehen die Ukrainer vor der Wahl, sich entweder einem demokratischen Europa oder einem autokratischen Russland anzuschließen. Seit dem ersten russischen Einmarsch in die Ukraine 2014 sind die Freikirchen der Ukraine die Speerspitze einer neuen Bewegung, die darauf abzielt, die ukrainische Gesellschaft von dem belastenden Erbe des sowjetischen Totalitarismus zu befreien und einen neuen Kurs in Richtung einer vollständigen Integration der Ukraine in die europäische, demokratische Familie der Nationen einzuschlagen. Seit dem völkerrechtswidrigen Angriffskrieg Russlands im Jahr 2022 hat dieser allgemeine Trend eine neue Dringlichkeit und Dynamik erhalten und die Rolle des freikirchlichen Denkens eine öffentliche Bedeutung erlangt. Ziel dieses Kapitels ist es, die gestiegene gesellschaftliche Bedeutung der Freikirchen in der Ukraine seit dem Einmarsch im Februar 2022 hervorzuheben. Es wird argumentiert, dass die ukrainischen freikirchlichen Christen trotz ihrer geringen Zahl eine zentrale Rolle dabei gespielt haben, der Ukraine zu helfen, eine neue nationale und europäische Identität zu schmieden[1], die sich von den russischen und sowjetischen Identitäten der Vergangenheit unterscheidet.[2]

---

[1] Nach den Statistiken der beiden größeren Bunde – der Allukrainische Bund der Kirchen der Evangeliumschristen-Baptisten und der Ukrainischen Kirche der Christen evangelischen Glaubens (Pfingstler) – umfassen sie 3907 Kirchen (2177 bzw. 1730) und 205.648 Mitglieder (104.042 bzw. 101.606). In diesen Daten sind die Kirchen in den besetzten Gebieten und auf der Krim nicht enthalten.

[2] In diesem Kapitel verwenden wir den Begriff »Freikirchen« für protestantische christliche Denominationen und Gemeinden in der Ukraine und in Russland, die nicht mit einer bestimmten staatlichen oder nichtstaatlichen Behörde verbunden sind. Sie sind bestrebt, in Fragen der Kirchenleitung, des Glaubens und der Gottesdienstpraxis unabhängig von staatlicher Einmischung oder Kontrolle

Um zu verstehen, wie und warum das freikirchliche Denken in der öffentlichen Sphäre an Bedeutung gewonnen hat, ist es notwendig, zunächst zusammenzufassen, wie Christen aus den Freikirchen historisch gesehen ihre Pflichten und Verantwortlichkeiten gegenüber dem Staat und der Gesellschaft wahrgenommen haben. Nach einem kurzen geschichtlichen Überblick über die Ursprünge und die Entwicklung der freikirchlichen Bewegung in Russland und der Ukraine befasst sich der erste Teil dieses Kapitels mit der Frage, wie die Freikirchen an Machtfragen herangehen, wobei ein besonderes Augenmerk auf die kategorische Ablehnung von Zwang in Fragen des Glaubens und des öffentlichen Zeugnisses gelegt wird. Im weiteren Verlauf wird kurz erläutert, wie diese freikirchlichen Überzeugungen in der ukrainischen Gesellschaft aufgrund der existenziellen Bedrohung durch Russland und die russisch-orthodoxe Kirche neue Resonanz gefunden haben. Wir behaupten, dass dem russisch-ukrainischen Krieg ein tief verwurzelter Zusammenprall zweier gegensätzlicher Visionen des Christentums zugrunde liegt, die sich als staatlich gefördertes Christentum und offenes Christentum charakterisieren lassen.[3] Anschließend folgt ein kurzer historischer Überblick über die Freikirchen in der Ukraine und in Russland, um die unterschiedlichen Sichtweisen über Macht, Autorität und die Beziehungen zum Staat zu erklären. Abgeschlossen wird mit einer theologischen Einschätzung, wie der Krieg das Verständnis von Mission und Evangelisation unter den ukrainischen Freikirchen erweitert hat.

---

zu agieren. Einige Beispiele für Freikirchen, die im Zusammenhang mit Russland und der Ukraine von Bedeutung sind, sind Baptisten, Methodisten, Kongregationalisten und Pfingstler.

3 Vgl. Moltmann, Jürgen, The Open Church: Invitation to a Messianic Life-Style, London 1978; Wright, Nigel G., New Baptists, New Agenda, Carlisle 2002, 64-80.

II. Historischer Kontext der Freikirchen in der Ukraine und Russland

A. Überblick über die Geschichte der Freikirchen in der Ukraine und in Russland

Die evangelikale Bewegung entstand unabhängig voneinander in drei Regionen des Russischen Reiches – der Ukraine, Transkaukasien und St. Petersburg – im späten 19. Jahrhundert.[4] Die Zahl der freikirchlichen Christen im Russischen Reich nahm im späten 19. Jahrhundert stetig zu und erreichte 1905 etwa 20.000 Baptisten in der russischen Bevölkerung. Nach dem Toleranzedikt von 1905 verbreiteten die Freikirchen ihren Glauben und ihre Gemeinden im gesamten Russischen Reich in großem Umfang. In den Jahren zwischen 1917 und 1928, die als »Goldenes Zeitalter« bezeichnet werden, gab es ein bedeutendes Wachstum, insbesondere bei den Baptisten.[5] Nach 1928 wurden die Freikirchen jedoch unter Stalin stark unterdrückt.[6] Die Einmischung der Regierung beeinträchtigte die

---

4 Coleman, Heather J., Baptist Beginnings in Russia and Ukraine, in: Baptist History and Heritage 42 (2007) no. 1, 24-36, hier: 24. Die orthodoxen Priester berichten für 1884 von 2000 Baptisten in Kyiv und 3000 in der Gouvernement Cherson, deren Zahl bis 1891 auf 5000 anstieg, Klibanov, A. I. Istoria, Religioznogo Sektantstva v Rossii, Moscow 1965, 208. Das Gebiet dehnte sich aus: 1884 gab es in 95 Dörfern in der Gouvernement Cherson Baptisten, 1891 waren es bereits 167 Dörfer. In den 1890er Jahren waren die Baptisten in 30 Gouvernements des Russischen Reiches vertreten (Klibanov, 207). 1905 berichtete Dei Mazaev auf dem ersten Weltkongress der Baptisten in London von 20.000 Baptisten unter den Russen, siehe Mitrokhin, L. N. Baptizm: Istoriia i Sovremennost: Filosofsko-Sotsiologicheskie Ocherki, St. Petersburg 1997, 250.
5 Steeves, Paul D., The Russian Baptist Union, 1917-1935: Evangelical Awakening in Russia, Kansas 1977, 99–100; Prokhorov, Konstantin, The »Golden Age« of the Soviet Baptists in the 1920s, in: Sharyl Corrado (Hg.), Eastern European Baptist History: New Perspectives, Praha 2007, 88–101. Prokhorov zufolge war das quantitative Wachstum während des »Goldenen Zeitalters« eine indirekte Folge der Bemühungen der Bolschewiki, die russisch-orthodoxe Kirche zu zerstören.
6 Mitrokhin, L. N. Baptizm: Istoriia i Sovremennost: Filosofsko-Sotsiologicheskie Ocherki, St Petersburg 1997, 389-391. Es sei darauf hingewiesen, dass die Einschränkungen Anfang der 1920er Jahre begannen, als sowjetische Beamte die obligatorische Registrierung von Religionsgemeinschaften verlangten. 1923 zwang die Regierung baptistische und evangelische Christen, ihre Haltung zum Militärdienst zu ändern, vgl. Tserkov' dolzhna ostavat'sia tserkov'iu. Neobratimye desatiletiia: 1917-1937 gody v istorii evangel'skogo i baptistskogo

Organisationsstrukturen, sodass eine Verlagerung hin zu einer Art Kommunistischen Partei notwendig wurde. Das harte Vorgehen gegen die Evangelisation in den 1920er und 30er Jahren führte zur Verfolgung und Schließung von Kirchen und gipfelte darin, dass die organisierten religiösen Aktivitäten bis 1939 fast ausgelöscht waren.[7] Nach dem Zweiten Weltkrieg versuchten die sowjetischen Behörden, die Kontrolle über religiöse Aktivitäten zu verschärfen. Von den späten 1940er Jahren bis zur Perestroika waren die Freikirchen, einschließlich protestantischer Konfessionen wie Baptisten und Pfingstler, schweren Verfolgungen und Einschränkungen ausgesetzt.[8]

Die sowjetischen Behörden betrachteten diese religiösen Gruppen mit Misstrauen, da sie sie als Bedrohung für die Staatsideologie ansahen. Gotteshäuser wurden häufig überwacht und geschlossen. Religiöse Führer wurden ins Visier genommen, verhaftet, inhaftiert oder ins Exil gezwungen. In dieser Zeit gab es eine systematische Kampagne zur Unterdrückung der Religionsfreiheit und zur Ausrottung religiöser Einflüsse, was zu einem schwierigen und repressiven Umfeld für Freikirchen führte und sie in den privaten Raum und zu ausschließlich religiösen Aktivitäten drängte. Dies setzte sich bis zur Perestroika in den 1980er Jahren fort. Nach der Perestroika erlebten die Freikirchen in Russland eine Periode des Wachstums und der Wiederbelebung. Mit der zunehmenden

---

dvizheniia. N.p.: Mezhdunarodnyy sovet tserkvey yevangel'skikh khristianbaptistov 2008, 36-49; Coleman, Heather J., The Most Dangerous Sect: Baptists in Tsarist and Soviet Russia. 1905-1929, Illinois 1998, 295-97. 1924 gründeten die Bolschewiki die Liga der militanten Gottlosen (LMG), um die Öffentlichkeit durch atheistische Massenpropaganda zu gewinnen. Mehr über die LMG siehe Pospielovsky, Dimitry V., A History of Marxist-Leninist Atheism and Soviet Antireligious Policies. A History of Soviet Atheism in Theory and Practice and the Believer, Vol. 1. Basingstoke, London 1987, 49-68. Für den ukrainischen Kontext siehe Pashchenko V. / Sitarchuk, Roman A., Deiaki Aspekty Derzhavno-Tserkovnykh Vidnosyn u 20-30-ti rr. XX st. (na Prykladi Hromad Baptystiv ta Evangel's'kykh Khrystyian Poltavshchyny), in: Arkhiviv VUChK-GPU-KGB, 20 (2003), 278–86; Goloshchapova, Ie. O., Hromady Evnagel'skikh Khrystyian-Baptistiv v Umovakh Suspil'nykh Transformatsii 20-30kh rr. XX st., Saporischschja 2010.
7 Kolarz, Walter, Religion in the Soviet Union, London 1961.
8 Vgl. Ramet, Sabrina Petra, Religious Policy in the Soviet Union, Cambridge 2005.

Religionsfreiheit und der Lockerung der Beschränkungen erfuhren diese Kirchen einen sprunghaften Anstieg der Mitgliederzahlen, der Gemeindegründungen und der evangelistischen Aktivitäten. Diese Expansion und die neu gewonnene Freiheit wurden jedoch später während der Präsidentschaft Putins in Frage gestellt, als die russische Regierung begann, die Kontrolle über religiöse Einrichtungen und Aktivitäten zu verschärfen.[9] Durch die Einführung einer Unterscheidung zwischen »traditionellen« und »nicht-traditionellen« Religionen schuf die russische Regierung ein Instrument der Kontrolle und Manipulation, was die Religionsfreiheit und die religiösen Aktivitäten weiter einschränkte.

Unter der Autokratie von Wladimir Putin hat die russisch-orthodoxe Kirche erhebliche Anstrengungen unternommen, um andere religiöse Gruppen zu unterdrücken, indem sie religiöse Vielfalt verhindert und von staatlich geförderten Privilegien profitiert.[10] Trotz dieser Monopolisierung des religiösen Raums und des postsowjetischen Erbes des Misstrauens gegenüber freikirchlichen Christen waren russische Protestanten in den frühen 2000er Jahren relativ erfolgreich darin, sich in ihren Gastgemeinden auf lokaler Ebene zu etablieren, indem sie durch ihre engagierte Beteiligung an karitativen Diensten, wie z.B. Drogen- und Alkohol-Rehabilitationszentren in ganz Russland, die öffentliche Sichtbarkeit und Wertschätzung erhöhten.[11]

---

9 Burgess, John P.: Holy Rus': The Rebirth of Orthodoxy in the New Russia, New Haven 2017.
10 Garrard, John / Garrard, Carol, Russian Orthodoxy Resurgent Faith and Power in the New Russia, Princeton 2014.
11 Roman Lunkin stellt fest, dass es 2018 in der gesamten Russischen Föderation rund 500 solcher Zentren gab, die von Protestanten gegründet wurden. Im Vergleich dazu betrieb die russisch-orthodoxe Kirche nur 70 Rehabilitationszentren. Siehe Lunkin, Roman, »Why Does the Orthodox Church Fight Against Society in Russia? East-West Church Report« (Mai 2018) [https://missioneurasia.ca/articles/roman-lunkin-why-does-the-orthodox-church-fight-against-society-in-russia/] Abgerufen am 26.07.2024. Lunkin zufolge wurden die russischen Protestanten Anfang der 2000er Jahre zu »the most successful in social work and are entrenched in most regions of Russia as one of the leading forces of society«. Vgl. Lunkin, Roman, A Reaction of Russian Churches on Ukrainian Crisis: A Prophecy of Democracy", in Rob van der Laarse u.a. (Hg.), Religion, State, Society and Identity in Transition: Ukraine, Oisterwijk 2015, 435-475, hier: 436.

Nach der russischen Invasion in der Ukraine im Jahr 2014 problematisierte sich die Position der russischen Freikirchen, da sich die Leiter unter Druck gesetzt fühlten, die russischen Behörden an ihre Loyalität und Konformität mit der Putin'schen Agenda zu erinnern. Nach der russischen Invasion und Annexion des ukrainischen Hoheitsgebiets der Krim im Jahr 2014 gab der Russische Baptistenbund beispielsweise eine Erklärung zur Unterstützung Putins ab, in der diese russischen Christen der Freikirchen ihre »besondere Dankbarkeit für die Tatsache zum Ausdruck brachten, dass der Schutz und die Stärkung der geistigen und moralischen Werte, zu denen auch die traditionelle Familie gehört, von Ihnen [Putin] als eine der Prioritäten bezeichnet wird«.[12]

Selbst nach dem vollständigen Einmarsch in die Ukraine im Jahr 2022 besteht die allgemeine Tendenz der Freikirchen in Russland darin, das Putin-Regime zu unterstützen und Loyalitätsbekundungen gegenüber dem russischen Staat abzugeben[13], indem sie den russischen Diktator als Verteidiger der christlichen Werte loben.[14] Es ist überflüssig zu erwähnen, dass eine solche Haltung die Beziehungen zwischen der russischen und der ukrainischen Freikirche trübte.[15] Im Gegensatz dazu hat die Ukraine nach der Er-

---

12 Russian Union of Evangelical Christian-Baptists, »Обращение к Президенту Российской Федерации В.В. Путину« (Juni 2014) [http://baptist.org.ru/new s/main/view/obraschenie-k-prezidentu-rossii-34-sezd] Abgerufen am 26.07.2024.

13 CNE-News, »Russian Protestants Will Not Condemn War« (Juni 2022) [https://cne.news/article/1258-russian-protestants-will-not-condemn-war] Abgerufen am 26.07.2024.

14 Ryakhovsky, Sergei, »РИА Новости: В РОСХВЕ прокомментировали послание президента Федеральному собранию« (März 2024) [https://www.cef.ru/infoblock/media-digest/newsitem/article/1763033] Abgerufen am 26.07.2024.

15 Versuche, einen Dialog zwischen russischen und ukrainischen Gläubigen in Gang zu bringen, haben gezeigt, dass die beiden Seiten völlig unterschiedliche Ansichten über die Beziehungen zwischen Kirche und Staat haben. Vgl. Canon Michael Bourdeaux u.a. (Hg.), »East-West Church Report & Ministry Report. Summer 2014« Vol. 22, No. 3 [https://www.eastwestreport.org/pdfs/ew22-3.pdf] Abgerufen am 26.07.2024; Ders., »East-West Church Report & Ministry Report. Fall 2014« Vol. 22, No. 4 [https://www.eastwestreport.org/pdfs/ew22-4.pdf] Abgerufen am 26.07.2024; Ders., »East-West Church Report & Ministry Report. Winter 2015« Vol. 23, No. 1 [https://www.eastwestreport.org/pdfs/

langung der Unabhängigkeit im Jahr 1991 einen vielfältigeren Ansatz gewählt und auf offizieller Ebene eine größere Akzeptanz gegenüber religiösen Minderheitengemeinschaften gezeigt.[16]

In den ersten 25 Jahren nach dem Ende der UdSSR bedeutete »christlich« zu sein in den Augen der meisten Ukrainer »orthodox« zu sein. Die ukrainischen freikirchlichen Christen mieden wie ihre russischen Kollegen im Allgemeinen die Politik und das öffentliche Engagement und zogen es vor, sich auf die persönliche Spiritualität und kirchliche evangelistische und karitative Aktivitäten zu konzentrieren. Nach der Orangenen Revolution im Jahr 2004 und der Revolution der Würde auf dem Maidan im Jahr 2014 haben sich die Freikirchen in der Ukraine, insbesondere die Baptisten und Pfingstler, jedoch sehr viel stärker im nationalen Leben der Ukraine engagiert und sind dadurch stärker in den Blickpunkt der Öffentlichkeit gerückt.[17] Dieser Trend zu mehr Sichtbarkeit und Anerkennung hat sich seit der umfassenden illegalen russischen Invasion im Februar 2022 noch verstärkt. Die neu gewonnene Wertschätzung und Anerkennung der Freikirchen in der Ukraine resultieren aus ihrer prinzipiellen Solidarität mit der ukrainischen Gesellschaft und ihrem lobenswerten Engagement für die demokratischen Ideale der bürgerlichen Freiheit, der Meinungsfreiheit, der allgemeinen Menschenrechte, der Toleranz und der Rechtsstaatlichkeit.

---

ew23-1.pdf] Abgerufen am 26.07.2024; Ders., »East-West Church Report & Ministery Report. Spring 2015« Vol. 23, No. 2 [https://www.eastwestreport.org/pdfs/ew23-2.pdf] Abgerufen am 26.07.2024; Ders., »East-West Church Report & Ministery Report. Summer 2015« Vol. 23, No. 3 [https://www.eastwestreport.org/pdfs/ew23-3.pdf] Abgerufen am 26.07.2024.

16 Wanner, Catherine, Communities of the Converted: Ukrainians and Global Evangelism, Ithaca 2011. Noch im März 2024 lobte Rjachowski Putins Rede vor der Föderalversammlung mit den Worten:»Nachdem ich die Botschaft des Präsidenten gehört habe […] bin ich bereit, einen solchen Kandidaten für das Amt des Präsidenten Russlands zu unterstützen […]. Als evangelikale Christen werden wir weiterhin traditionelle geistige und moralische Werte unterstützen und umsetzen.«

17 Wanner, Catherine, Everyday Religiosity and the Politics of Belonging in Ukraine, Ithaca 2022.

B. Die theologisch-ekklesiologischen Besonderheiten der Freikirchen

Es ist eine Grundüberzeugung freikirchlicher Glaubensgemeinschaften, wie z.B. der Baptisten, dass der Glaube nicht erzwungen werden kann. Die freikirchliche Ekklesiologie behauptet, dass der christliche Glaube immer dann, wenn er von einer Kirche oder einer Regierung erzwungen wird, formal wird und seinen Heilscharakter verliert. Für freikirchliche Christen sind die christlichen Prinzipien von Freiheit und Würde unvereinbar mit den politischen Prinzipien von Zwang und Herrschaft, auch wenn dies unter dem Banner des Christentums geschieht. Sie glauben, dass der Auftrag Christi, das Evangelium zu verkünden und das Reich Gottes zu bauen, aus Liebe und Dienst erfüllt werden sollte und nicht aus Zwang, Herrschaft und der Billigung politischer Machtstrukturen.[18]

In den Bereichen Religion und Politik vertreten freikirchliche Christen die Auffassung, dass jede Form des Christentums ohne Freiheit und Würde notwendigerweise ihres christlichen Inhalts entleert ist und entmenschlichende und ungerechte Formen der Herrschaft und Kontrolle annimmt. Die theologische Überzeugung, die diesem Engagement zugrunde liegt, ist der Glaube, dass Gott sich der Welt in Christus nicht in Macht und Autorität, sondern in Freiheit und selbstaufopfernder Liebe offenbart hat. Im freikirchlichen Verständnis werden Menschen nicht durch geografische Zufälle oder durch staatliche Erlasse zu Christen, sondern durch die freie und bewusste Antwort des Gehorsams auf den Weg Jesu.[19]

---

18 Searle, Joshua T., Baptist Perspectives on Freedom and the Kingdom of God, in: T. Laine Scales / João B. Chaves, Baptists and the Kingdom of God: World Perspectives Through Four Interpretive Lenses Waco, TX 2023, 271-90.
19 Shurden, Walter B., The Baptist Identity: Four Fragile Freedoms, Macon, GA 1993, 59.

III. Die Reaktionen der Freikirchen auf den russisch-ukrainischen Krieg

A. Der russische Aggressionskrieg als Zusammenprall zweier konkurrierender Visionen des Christentums

Die oben zusammengefassten freikirchlichen Überzeugungen mögen abstrakt und distanziert erscheinen, aber angesichts der russischen Invasion in der Ukraine haben diese Grundüberzeugungen eine neue Bedeutung erlangt. In vielerlei Hinsicht ist der russisch-ukrainische Krieg ein zivilisatorischer Konflikt, in dem zwei konkurrierende Vorstellungen vom Christentum um die Vorherrschaft ringen: die imperialistische Christenheitsvorstellung der russischen Orthodoxie und die offene Vision von Freikirchen in einem freien Staat. In der ersten Version arbeiten Kirche und Staat zusammen, um die »traditionellen christlichen Werte« durch aggressive Gesetzgebung oder sogar mit militärischer Gewalt durchzusetzen. Nach dieser Vorstellung vom Christentum wird von den Massen erwartet, dass sie der autokratischen politischen und kirchlichen Autorität bedingungslose Loyalität entgegenbringen. Ersteres basiert auf den Vorstellungen von einer »Staatskirche« und einer »christlichen Nation« oder, im Lexikon der russischen Orthodoxie, »einem gottesfürchtigen Volk«.[20] Die zweite Version des Christentums, die von den Freikirchen vertreten wird, basiert auf der Idee der Freiheit. Die Vorstellungen von einer »Staatskirche« oder einer »christlichen Nation« werden nicht als heilige Urbilder, sondern als profane Illusionen betrachtet. Da sie grundsätzlich allen Menschen offensteht, schätzt sie die geistige Würde und den Eigenwert aller Menschen, unabhängig von ihrem sozialen Status oder ihrer Religionszugehörigkeit. Statt Konformität und Respekt aufgrund ihres institutionellen Status und ihrer politischen Macht zu fordern, betont diese Form des Christentums die Notwendigkeit von Toleranz

---

20 Ellis, Jane, The Russian Orthodox Church: Triumphalism and Defensiveness, London 2016, 106.

und Gewissensfreiheit – was im freikirchlichen Sprachgebrauch als »Seelenkompetenz« bezeichnet wird.[21]

Diese zweite Vision des Christentums zielt darauf ab, die Werte der Menschenwürde und der Menschenrechte, der kulturellen Vielfalt, der Demokratie, der Gerechtigkeit, der Fairness, der Gleichheit und der Rechtsstaatlichkeit zu fördern – nicht nur als soziale Tugenden, sondern auch als Gebote des Evangeliums. Christen, die dieser freikirchlichen Vision anhängen, verstehen die Notwendigkeit, die Vorteile ihres Glaubens zu demonstrieren und ihre Position in der Sprache einer respektvollen Debatte zu verteidigen, anstatt aus einer Position der Macht und des Privilegs heraus.[22]

Aus freikirchlicher Sicht wird die erste Idee (die autoritär-theokratische Idee) trotz ihrer Appelle an die äußeren Formen der christlichen Religion mit dem Geist des Götzendienstes in Verbindung gebracht. Die zweite Idee (die pluralistisch-demokratische Idee) wird von den Freikirchen trotz ihrer äußerlichen Affinitäten zum modernen Säkularismus und Pluralismus als treuer gegenüber dem Evangelium Christi angesehen.[23] Der russisch-ukrainische Krieg kann also über die offensichtlichen sprachlichen, kulturellen und geopolitischen Probleme hinaus auf einer tieferen Ebene als ein Aufeinandertreffen dieser gegensätzlichen Tendenzen innerhalb des Christentums gedeutet werden. Die erste Version versucht der Gesellschaft christliche moralische Normen aufzuzwingen, indem sie mit den staatlichen Behörden zusammenarbeitet, um Gesetze gegen Randgruppen wie sexuelle Minderheiten und religiöse Dissidenten zu erlassen.[24] Derartige konstantinisch-theokratische Annahmen sind im russischen Krieg gegen die Ukraine vorherrschend. Ein Großteil der Kreml-Politik in der Ukraine beruht auf der Annahme, dass der russische Staat durch die Eroberung

---

21 Garrett, James Leo, Baptist Theology A Four-Century Study, Macon, GA 2009, 427.
22 Searle, Joshua T., Theology After Christendom: Forming Prophets for a Post-Christian Age, Eugene, 2018, 174.
23 Searle, Joshua T., A Theological Case for Ukraine's European Integration: Deconstructing the Myth of »Holy Russia« vs. »Decadent Europe«, in: International Journal of Public Theology 16 (2022) 3, 289-304.
24 Glanzer, Perry Lynn, The Quest for Russia's Soul: Evangelicals and Moral Education in Post-Communist Russia, Waco, TX 2002, 199.

und Unterwerfung des ukrainischen Territoriums in Zusammenarbeit mit der russisch-orthodoxen Kirche in der Lage sein wird, der besetzten ukrainischen Bevölkerung seine religiösen Werte und seine politische Ideologie aufzuzwingen.

B. *Gegensätzliche Ansätze und Überzeugungen der Freikirchen in der Ukraine und Russland*

Der Angriffskrieg des Kremls wird von der Russisch-Orthodoxen Kirche vollkommen gebilligt. Dies erklärt sich aus ihren typischerweise »harmonischen« Beziehungen zum Staat, die auf das byzantinische Reich zurückgehen.[25]

Schwerer zu erklären ist die Tatsache, dass russische Protestanten insgesamt das autoritäre Regime von Wladimir Putin mit seiner antiwestlichen Propaganda, seinem juristischen Nihilismus und seinem weit verbreiteten Nationalismus und antidemokratischen Aufruhr unterstützt haben. In einer geschlossenen Gesellschaft wie Russland, in der die Menschen Angst haben, sich gegen die Regierung zu äußern, neigen Christen dazu, nicht über soziale Verantwortung, Gerechtigkeit, Wahrheit, Freiheit, Solidarität oder die Umgestaltung der Gesellschaft zu sprechen. Sie wenden sich stattdessen Diskussionen über ferne und abstrakte Konzepte wie die Seele und die Ewigkeit zu, die von den herrschenden Behörden als weniger bedrohliche Themen angesehen werden.[26] Selbst wenn russische freikirchliche Christen private Bedenken gegen die »besondere Militäroperation« haben, ist es üblich, zu schweigen und alle Kompromisse einzugehen, die zur Wahrung der eigenen Interessen und der breiteren Interessen der eigenen Kirche oder Konfession notwendig sind, indem man keinen Dissens äußert.

---

25 Vgl. Papanikolaou, Aristotle, The Mystical as Political: Democracy and Non-Radical Orthodoxy, Notre Dame, IN 2012, 13-54; Hovorun, Cyril, Political Orthodoxies: The Unorthodoxies of the Church Coerced, Minneapolis, MN 2018, 66-87.
26 Searle, Joshua T. / Cherenkov, Mykhailo N., A Future and a Hope Mission, Theological Education and the Transformation of Post-Soviet Society, Eugene, OR 2014, 67.

Die Freikirchen in der Ukraine sind, vor allem wegen der russischen Invasion, einen ganz anderen Weg gegangen. Dank der Bemühungen einer »einflussreichen Minderheit« von freikirchlichen Theologen und Kirchenführern hat sich die Idee einer Offenen Kirche, die als Pfeiler der Freiheit und Demokratie dient und nicht als geschlossene Institution, die die parochialen Interessen eines korrupten kirchlich-staatlichen Establishments schützt, im kulturellen Bewusstsein der ukrainischen Bevölkerung verankert.[27]

In der Ukraine gewinnt diese im Wesentlichen freikirchliche Idee auch unter Christen außerhalb der freikirchlichen Tradition an Zugkraft. Führende ukrainische katholische und orthodoxe Theologen haben aus ihren eigenen Traditionen heraus für eine Vision von Kirche in der Gesellschaft plädiert, die sich von den christlich geprägten Annahmen der Vergangenheit löst.[28]

Die Reaktion der ukrainischen Freikirchen auf den seit 2014 andauernden Angriffskrieg Russlands gegen die Ukraine signalisiert einen seismischen Wandel im öffentlichen Engagement der

---

27 Die Idee der freikirchlichen Christen als »einflussreiche Minderheit« in der ukrainischen Gesellschaft wurde von dem vorausschauenden ukrainischen Theologen Mykhailo Cherenkov 2009 vorgestellt: Михаил, Черенков, *Культура влиятельного меньшинства* Симферополь: Ассоциация »Духовное возрождение«, 2010. In meinem Artikel habe ich einige der sich verändernden Trends in der ukrainischen Missiologie ausführlicher beschrieben: Searle, Joshua T., Freedom, Compassion and Creativity: New Points of Departure for Public Theology in the Post-Soviet Space, in: International Journal of Public Theology 14 (2020), 255-275.

28 Vgl. »A Declaration on the ›Russian World‹ (Russkii mir) Teaching« (März 2022) [https://publicorthodoxy.org/2022/03/13/a-declaration-on-the-russian-world-russkii-mir-teaching/] Abgerufen am 26.07.2024; »A Statement of Solidarity with the Orthodox Declaration on the ›Russian World‹ (Russkii Mir) Teaching, and against Christian Nationalism and New Totalitarianism« (April 2022) [https://publicorthodoxy.org/2022/04/06/russkii-mir-solidarity-statement/] Abgerufen am 26.07.2024; Geychenko, Oleksandr u.a., »Voices from the Ruins. Appeal of the Representatives of Ukrainian Evangelical Theological Educational Institutions Regarding the War of the Russian Federation against Ukraine« (2022) [https://eeit-edu.info/en/appeal-2022/] Abgerufen am 26.07.2024; Dyaltik, Helga u.a., »Breaking Through the Sound of Air Raid Sirens. Appeal of the Representatives of Ukrainian Evangelical Theological Educational Institutions to the World Evangelical Community Regarding the War of the Russian Federation against Ukraine« (November 2022) [https://eeit-edu.info/en/appeal-2022-breaking-through-the-sound-of-air-raid-sirens/] Abgerufen am 26.07.2024.

Kirchen in der postsowjetischen Gesellschaft. Eine Bewegung, die 2013/14 auf dem Maidan begann, hat zu einer neuen Situation geführt, in der die ukrainischen Freikirchen das sowjetische Erbe, welches evangelikalen Christen einen marginalen Status als »Sekte« oder als fremde Präsenz in der postsowjetischen Gesellschaft zuwies, weitgehend aufgegeben haben.[29] Die russische Invasion hat trotz ihrer verheerenden Folgen einen starken Impuls für die Beteiligung der Freikirchen am öffentlichen Leben der ukrainischen Nation gegeben.[30] In dem Maße, wie die Freikirchen ihre prophetische Stimme wiederentdeckt haben, haben sie erkannt, dass eine ernsthafte Verpflichtung zur Mission nicht nur bedeutet, Einzelne zur Umkehr aufzufordern, sondern auch Solidarität mit dem ukrainischen Volk in seinem gerechten Kampf für Würde und Freiheit zu bekunden.[31]

IV. Schlussfolgerung: Wie der Krieg den Umfang der Mission im Denken der ukrainischen Freikirchen vergrößert hat

Der russische Angriffskrieg hat im Denken der ukrainischen Freikirchen eine Ausweitung des Missionsbegriffs ermöglicht. Einst praktisch als Synonym für »Evangelisierung« betrachtet, umfasst

---

29 "Declaration of Dissent", zitiert in Cherenkov, Mykhailo, Protestantism And Protest: Socio-Theological Re-Identification Of Ukraine And Ukrainian Protestantism In The Context Of Maidan, in: Rob van der Laarse u.a. (Hg.), Religion, State, Society, and Identity in Transition – Ukraine, Oisterwijk 2015, 319-341, hier: 323f.

30 Vgl. »Declaration of Dissent«, die von einer Gruppe ukrainischer freikirchlicher Theologen während des Maidan-Aufstandes im Dezember 2013 veröffentlicht wurde, brachte das neue Denken innerhalb der evangelikalen Bewegung in der Ukraine klar zum Ausdruck: »*The Baptist Church, from the very first days of its existence, has stood up for freedom and justice. The independence of the Church from the state [...] does not mean political indifference, asociality, or isolation of the Church from the society. Ukrainian Baptists welcomed the independence of Ukraine and have served our nation through the social and spiritual potential of church communities [...] Christians cannot be apart or 'neutral', when authorities abuse their own power, when peaceful people's blood is shed, when courts make unconstitutional decisions, when security forces defend not the people, but the authorities. Participation in demonstrations is the personal responsibility of each believer; this responsibility is inseparable from faith, and expresses itself in civil liability.*«

31 Cherenkov, Protestantism and Protest, 340.

das Wort »Mission« in der Post-Maidan-Ukraine nun auch die Rolle der Kirche als prophetische Stimme in der öffentlichen Debatte. Dank des Beitrags einer neuen Generation von Theologen der ukrainischen Freikirchen hat sich ein neues Bewusstsein für die notwendige Verbindung zwischen der christlichen Mission und den wirtschaftlichen, kulturellen, sozialen und politischen Bedingungen im Leben der Nation als Ganzes entwickelt.[32]

Die Herausforderung für die ukrainischen Freikirchen in den kommenden Jahren besteht darin, auf die Bedrohung durch Russland zu reagieren, indem sie die Verbindung der Ukraine mit den christlichen Idealen der europäischen Zivilisation stärken und so die vollständige Integration der Ukraine in die europäische Familie demokratischer Nationen erleichtern.

Die ukrainischen Freikirchen sind mit der weltweiten evangelikalen Bewegung verbunden, die eine überzeugende Alternative zur Engstirnigkeit des russischen und postsowjetischen Christentums mit seinem belastenden Erbe von Korruption und Kompromissen bietet. Darüber hinaus kann die weltweite evangelikale Gemeinschaft (zu der die Freikirchen gehören) den Ukrainern einen reichen Erfahrungsschatz an ganzheitlicher Missionswissenschaft und inspirierende Geschichten darüber bieten, wie das Evangelium die Schicksale von Nationen prägt. Die Hoffnung, die diesem Kapitel zugrunde liegt, ist, dass die Erfahrung der Ukraine selbst zu einer dieser Geschichten werden kann, die wiederum russische freikirchliche Christen dazu inspirieren wird, endlich ihre Treue zum sowjetischen und putinistischen Autoritarismus aufzugeben. Die Verantwortung für diese Möglichkeit liegt bei den Christen dieser Nationen, die erkennen, dass der Sache des Evangeliums nicht mit

---

32 Vgl. Димид, Михайло, Богослов'я Свободи. Українська Версія, Львів 2020; Денисенко, Анатолий, Теологія Визволення: Ідеї, Критика, Перспективи, Дух і Літера, Kyiv, 2019; Cherenkov, Mykhailo, Die integrale Mission unter Kriegsbedingungen, Irpin 2017; vgl. die Ergebnisse von zwei Konferenzen zum Thema Theologie der Staatsbürgerschaft in Ivano-Frankivsk 16.-17.09.2022 und Bucha, 10.12.2023: Матеріали міжнародної науково-практичної конференції, Церква на шляху до формування богослов'я нації та громадянства. (Івано-Франківськ Millennium, 2023), in: Ідентичність, етнос, нація. Спецвипуск, Богомисліє 34 (2024) 1.

einer »militärischen Sonderaktion« am besten gedient ist, sondern wenn Christen in einer offenen Gesellschaft leben und für die Würde und Freiheit aller Menschen eintreten.

Islam und Muslime im russischen Angriffskrieg
Dschihad gegen die Ukraine?

Andreas Jacobs

1. Einleitung

Politik und Propaganda in Bezug auf den Islam sind oft übersehene Komponenten der russischen Bemühungen um die Instrumentalisierung von Religion im Angriffskrieg gegen die Ukraine. Die mit dem Krieg einhergehende Stärkung und Aufwertung christlich-orthodoxer Identitätsbezüge und die zunehmende Einbindung der Russisch-Orthodoxen Kirche (ROK) in die weltanschauliche, historische und religiöse Rechtfertigung des Krieges ließen für eine Ansprache und Einbindung der schätzungsweise 15 bis 20 Millionen Menschen in Russland, die sich dem Islam zugehörig fühlen, aber nur scheinbar keinen Platz. Tatsächlich spielen der Islam und die Muslime im Krieg gegen die Ukraine sowohl innerhalb Russlands als auch in der russischen Außenpolitik eine nicht unerhebliche Rolle. Hieran hat auch der verheerende islamistische Terroranschlag in der Nähe von Moskau im März 2024 wenig geändert. Ausgehend von einer historischen Einordnung skizzieren die nachfolgenden Ausführungen die wesentlichen Elemente der russischen Religionspolitik gegenüber den Muslimen (im Folgenden »Islampolitik« genannt) und zeigen die spezifischen Funktionen dieser Politik auf.

2. Vom Islam in Russland zum russischen Islam

2.1 Geschichte des Islam in Russland

Nachweisbar ist die Präsenz von Muslimen auf dem Staatsgebiet des heutigen Russlands bereits im 7. Jahrhundert – zwei Jahrhunderte vor dem Christentum. Der Großteil der russischen Muslime gehört einheimischen Ethnien an, deren Islamisierung aber erst im

Mittelalter erfolgte. Die Siedlungsgebiete dieser Ethnien gelangten zum Großteil zwischen dem 15. und 18. Jahrhundert unter russische Kontrolle. Zu diesen Gebieten gehörten zunächst die Wolgaregion, der Ural und Westsibirien, später dann die Krim sowie Teile der Ukraine und des Kaukasus. Ende des 18. Jahrhunderts trug das Zarenreich diesen Eingliederungen religionspolitisch Rechnung. Mit der »Orenburger Muslimischen Geistlichen Versammlung« (OMGV) wurden 1788 Russlands Verbindungen zur islamischen Kultur von Katharina der Großen offiziell gemacht und entsprechende Institutionen gegründet.[1] Eine langfristige Befriedung vor allem des Nordkaukasus konnte hierdurch aber nicht erreicht werden. Dementsprechend waren es in der Regel die hier lebenden muslimischen Ethnien, die Opfer zaristischer und stalinistischer Vertreibungen und Verfolgungen wurden und deren problematisches Verhältnis zum russischen Zentralstaat in den Tschetschenienkriegen der 1990er Jahre und in der besonderen Rolle des Präsidenten der tschetschenischen Teilrepublik, Ramsan Kadyrov, im aktuellen Krieg gegen die Ukraine bis heute nachwirkt.

2.2 Organisation des Islam in Russland

Die mit der OMGV erfolgte Etablierung staatlich anerkannter bzw. kontrollierter Institutionen islamischer Glaubenspraxis äußerte sich vor allem in der Einrichtung von sogenannten »Islamverwaltungen« (*Muftiaten*), die in der russischen Islampolitik bis heute eine zentrale Rolle spielen. Jede muslimisch geprägte Teilrepublik unterhält ein solches *Muftiat* unter Leitung eines Rechtsgelehrten (*Mufti*), wobei einige dieser *Muftiate* seit sowjetischen Zeiten aufgrund unklarer regionaler Zuständigkeiten und uneinheitlicher Zugänge zu staatlichen Ressourcen in einem Konkurrenzverhältnis zueinanderstehen oder in teilweise konkurrierenden Dachverbänden organisiert sind. Staatlicherseits wird diese Konkurrenz durch Privilegien, Finanzhilfen und politische Gesten als Instrument der Loyalitätspolitik aktiv gefördert. Eine besondere Rolle spielen hierbei Gelehrte aus dem spätsowjetischen und KGB-kontrollierten

---

1 Vgl. Laruelle, Marlène, Russia's Islam. Balancing Securitization and Integration, Russie.Nei.Visions, No. 125, Paris 2021, 8.

Netzwerk des *Muftiats* in Ufa, das bis heute von der Kreml-Präsidialverwaltung gesteuert wird.[2] Nicht zuletzt mit Hilfe dieses Netzwerkes gelang es dem Kreml durch finanzielle Zuwendungen, staatlich initiierte Moscheebauprojekte und die Einrichtung von staatlich kontrollierten islamischen Schulen und Universitäten ab den 2000er Jahren die politische Vorgabe eines »russischen Islam« voranzutreiben und den Einfluss ausländischer islamischer Akteure in Russland zurückzudrängen.[3]

3. Russische Islampolitik unter Putin

3.1 Kampf gegen den Islamismus

Die seit zwei Jahrzehnten zu beobachtenden Bemühungen um eine enge staatliche Kontrolle und Gleichschaltung der *Muftiate* und allgemein um die Etablierung eines Islam, der sich loyal zum russischen Staat verhält, sind vor allem vor dem Hintergrund der Kriege im Nordkaukasus in den 1990er Jahren zu sehen. Besonders der im Zuge der Tschetschenienkriege in mehreren blutigen Anschlägen auch in Russland auftretende islamistische Terrorismus (Anschläge von Budjonnowsk 1995, Moskau 2002, Beslan 2004) führte damals zu einer Neuorientierung der russischen Islampolitik. Vor allem die tschetschenischen Terroristen angelasteten Anschläge auf Moskauer Wohnhäuser boten dem neuen Präsidenten der Russischen Föderation, Wladimir Putin, 1999 den willkommenen Anlass zur Profilierung als hart durchgreifenden »Retter Russlands«.[4]

Islamistische Kämpfer, regimekritische Prediger und ausländische Geldgeber wurden infolge dieser Neuorientierung immer weiter zurückgedrängt oder kaltgestellt. Ein Kern der islamistischen Kämpfer aus dem postsowjetischen Raum ging Ende der 2010er Jahre und insbesondere in den Umbrüchen des »arabischen Frühlings« ins nahöstliche Ausland und schloss sich hier dem so-

---

2 Vgl. Kemper, Michael, »Islam in Russland« (März 2024) [https://www.bpb.de/themen/europa/russland/521942/islam-in-russland/] Abgerufen am 26.07.2024.
3 Vgl. ebd.
4 Vgl. ebd.

genannten »Islamischen Staat« (IS) in Syrien und Irak an. Prominentestes Beispiel für diese Migrationsbewegung war der aus Georgien stammende Tschetschene und Ex-Militär Tarchan Batiraschwili, der als Abu Omar al-Shishani zu einer der bekanntesten Führungsfiguren des Islamischen Staats aufstieg. Nachdem al-Shishani im Sommer 2016 bei US-Luftangriffen getötet wurde, ersetzte ihn ein ehemaliger Oberbefehlshaber der russischen Sonderpolizei als »Kriegsminister« des IS.

Die prominente Rolle von Islamisten aus dem postsowjetischen Raum im Krieg des IS ist nicht zufällig. Als militärisch ausgebildete, kampferprobte und oft in russischen Gefängnissen radikalisierte Akteure brauchten sie ganz andere praktische und mentale Voraussetzungen mit als die oft jugendlichen und militärisch unerfahrenen »Foreign Fighters« aus westlichen Staaten. Die Problematik der Kämpfer aus dem postsowjetischen Raum spielt daher auch zur Erklärung des russischen Eingreifens in den syrischen Bürgerkrieg auf Seiten Bashar Al-Assads eine gewisse Rolle. Schließlich bot sich hier die Gelegenheit, gegen potenzielle Rückkehrer außerhalb des eigenen Territoriums militärisch vorzugehen.

3.2 Russischer Islam

Ein wichtiges Element im Kampf gegen den Islamismus bestand unter Putin in einer weitgehenden »Verstaatlichung« islamischer Institutionen und Diskurse in Russland. Putin selbst stellte den Islam wiederholt als integralen (»traditionellen«) Bestandteil der russischen Kultur und Geschichte heraus und grenzte ihn damit von einem »ausländischen« und »radikalen« Islam ab.[5] In Analogie zur »Russki Mir«-Ideologie konnte so eine Erzählung etabliert werden, die den Islam als konstitutives Element eines eurasischen Raums einordnet. Während islamische Institutionen und Akteure, die sich dieser Verstaatlichung widersetzten, weitgehend ausgeschaltet

---

5 Vgl. Laruelle 2021, 5 sowie Sibgatullina, Gulnaz, »The Muftis and the Myths: Constructing the Russian ›Church for Islam‹«, in: Problems of Post-Communism (März 2023) [https://doi.org/10.1080/10758216.2023.2185899] Abgerufen am 26.07.2024, 1.

wurden, trieben staatliche Institutionen und die staatsnahen *Muftiate* die Konstruktion dieses »russischen Islam« (*russkii Islam*) voran.[6] Ausgehend von älteren Bemühungen um die Konstruktion einer sowjetisch-kompatiblen Islam-Interpretation wurden ab den 2000er Jahren islamische Ausbildung, Finanzierung, Organisation und sogar Theologie unter staatliche Kontrolle gestellt.[7]

Die wesentlichen Elemente des »russischen Islam« waren ein militanter Patriotismus vermengt mit islamischer Symbolik und antiwestlicher Rhetorik. Insbesondere die Zurückweisung vorgeblich »westlicher« Werte und Verhaltensweisen wurde bei dieser Konstruktion ein zentrales Brückennarrativ. Die gemeinsame Gegnerschaft zu liberalen Vorstellungen und modernen Menschenrechten festigte auch die Zusammenarbeit zwischen dem russischen Staatsislam und der ROK. Diese Zusammenarbeit reichte in vielen Fällen über eine Zweckallianz hinaus und resultierte in Bemühungen um die Konstituierung einer kirchenähnlichen islamischen Analog-Institution zur ROK,[8] die dieser als religiös-politischer Juniorpartner an die Seite treten sollte. Beobachter beschreiben dies als Versuch der Begründung einer »ökumenischen Partnerschaft«.[9] In der von Putin vorangetriebenen »konservativen Wende« wurden viele russische Muslime so zu wichtigen Alliierten des Kulturkampfes. Dies erklärt die hohen Zustimmungswerte für Putin in den muslimischen Gebieten Russlands.[10] Dies erklärt aber auch die Reaktion der russischen Staatsführung auf den islamistischen Terroranschlag vom 22. März 2024, bei dem mindestens 145 Menschen ums Leben kamen. Während einerseits eine westliche und ukrainische (Mit-)Verantwortung für die Anschläge konstruiert wurde, betonten offizielle Stellungnahmen andererseits, dass auch viele islamische Staaten von dieser Form des Terrorismus betroffen seien.

---

6   Zur Analogie von »Russki Mir« und »Russkii Islam«-Ideologie vgl. Geraev, Danis, The Methodology of the »Russian World« and »Russian Islam«. New Ideologies of the Post-Socialist Context, in: The Soviet and the Post-Soviet Review, 48 (2021), 367-390.
7   Vgl. Laruelle 2021, 24.
8   Vgl. Sibgatullina 2023, 2 und 5.
9   Laruelle 2021, 24.
10 Vgl. ebd.19.

3.3 Kadyrowismus

Eine zentrale Rolle im russischen Kampf gegen den Islamismus im In- und Ausland spielt seit zwanzig Jahren der tschetschenische Präsident Ramzan Kadyrow. Mit Hilfe einer habituellen und rhetorischen Vereinnahmung des Islam etablierte Kadyrow eine spezifische Form von Islamauslegung und Putin-Loyalität, die in der Fachdebatte als »Kadyrowismus«[11] bezeichnet wird. Zentrales Element der dem Kadyrowismus zugrundeliegenden Doppelstrategie von Islamisierung und »Loyalisierung« ist das persönliche Verhältnis zwischen Kadyrow und Putin. Dieses Verhältnis beruht weniger auf Sympathie oder Ideologie, sondern vielmehr auf einer Kongruenz machtpolitischer Interessen. Für Putin ist Kadyrow die ideale Figur, um einerseits die muslimischen und ethnischen Gruppen in der Kaukasusregion zu kontrollieren und andererseits im In- und Ausland die Fiktion eines »islamfreundlichen« Russland zu konstruieren. Für Kadyrow hingegen bedeutet die Allianz mit Putin einen erheblichen Machtzuwachs im innertschetschenischen Machtkampf.

Dieser Machtzuwachs hat sich mit der russischen Invasion in der Ukraine weiter gesteigert. Kadyrow nutzte die aus russischer Sicht enttäuschende Anfangsphase des Krieges, um seine kampferprobte Privatarmee zum wichtigen Faktor in Putins Übernahmeplänen für die Ukraine aufzubauen.[12] Gleichzeitig wurde er zur wichtigen Figur in der russischen Kriegspropaganda, indem er die religiöse Begründung des Angriffskriegs durch eine Einordnung als »Heiligen Krieg« und »Pflicht aller Muslime« islamisch absichert.[13] Hierbei scheint allerdings weniger sein religiöses Auftreten

---

11 Vgl. ebd. 21.
12 Vgl. Heß, Miriam Katharina, »Wie Russland den Islam und innerstaatliche Konflikte instrumentalisiert. Strategien in Russlands Krieg gegen die Ukraine und ihre Folgen« (Mai 2023) [https://dgap.org/de/forschung/publikationen/wie-russland-den-islam-und-innerstaatliche-konflikte-instrumentalisiert] Abgerufen am 26.07.2024, 2 sowie Laruelle, Marlène, Russia at War and the Islamic World, Russie.Nei.Visions, No. 127, Paris 2023, 8.
13 Vgl. Gaspar, Hande Abay / Sold, Manjana, »Der Ukraine-Krieg in der islamistischen Propaganda« (November 2022) [https://kn-ix.de/publikationen/impuls-6/?doing_wp_cron=1731066787.0822770595550537109375] Abgerufen am 26.07.2024, 5.

Wirkung zu entfalten, als vielmehr seine machismohafte Selbstinszenierung, die eine Brücke zwischen vermeintlich russischen und muslimischen Männlichkeitsvorstellungen herstellt. Kadyrows Rolle im Ukraine-Konflikt zeigt aber auch die Grenzen und Probleme der engen Allianz mit dem Tschetschenenführer für das Putin-Regime. Seine Anmaßung religiöser Gelehrsamkeit und seine offene Verachtung für jene Tschetschenen und Muslime, die nicht auf der Seite Russlands gegen die Ukraine kämpfen, stoßen bei manchen Religionsgelehrten und bei seinen innertschetschenischen Rivalen zunehmend auf Ablehnung. Die nur mühsam unterdrückten innertschetschenischen Konflikte kann dies nach Einschätzung von Beobachtern mittelfristig wieder anheizen.[14]

3.4 Russisch-nahöstliche Allianzen

Kadyrow spielt außerdem bei der internationalen Werbung um Unterstützung für den russischen Angriffskrieg eine wichtige Rolle. Vor allem nach Saudi-Arabien unterhält er gute Kontakte und wirbt hier mit einer Selbstinszenierung als »Diener des heiligen Koran«[15]. Mit dieser Selbstdarstellung konnte er zumindest Achtungserfolge verbuchen und die russischen Annäherungsversuche an die Golfstaaten, aber auch die russischen Beziehungen zu Iran und Syrien religionsrhetorisch absichern. Weder Saudi-Arabien noch die VAE ließen sich in den Tagen nach dem russischen Einmarsch zu einer klaren Unterstützung der amerikanischen Gegenmaßnahmen bewegen und brüskierten damit den traditionellen Partner USA. Auch in anderen arabischen Staaten ist Kadyrow kein Unbekannter. Vielerorts betrachtet man dessen islamisch verbrämte Russlandpropaganda zwar mit Misstrauen und Ablehnung, für seine Machismo-Posen sind aber nicht wenige im Nahen Osten empfänglich. Kadyrows Auftreten trägt durchaus dazu bei, dass sich Putin in vielen Ländern das Nahen Ostens mithilfe antiimperialistischer und postkolonialer Rhetorik als Freiheitskämpfer

---

14 Vgl. Heß 2023, 2.
15 Heß 2023, 4.

gegen amerikanische Dominanz und den vom Westen unterstützten jüdischen Präsidenten der Ukraine inszenieren kann.[16] Dies unterstützt eine öffentliche Meinung, die in manchen islamischen Ländern traditionell prorussisch ist, sich andernorts zunehmend an Russland orientiert oder in Russland einen willkommenen Akteur zur Ausbalancierung westlichen Einflusses im Land sieht.[17]

4. Der Islam im russischen Angriffskrieg

4.1 Stabilität und Kontrolle

Die russische Islampolitik diente seit Einrichtung der OMGV und der *Muftiate* der Sicherung von Stabilität und Kontrolle über die politisch wichtigste religiöse Minderheit im Land. Gerade in Krisenzeiten ist diese Kontrolle für das russische Regime von erheblicher Bedeutung.[18] Durch eine wertkonservative Rhetorik und eine aktive Islampolitik hat Moskau es bislang geschafft, den Großteil der russischen Muslime zu Verbündeten im Angriffskrieg gegen die Ukraine zu machen. Die sukzessive Gleichschaltung und Unterordnung der *Muftiate* und allgemein des russischen Islam unter den Staat und die ROK könnte aufgrund der geringen theologischen Legitimität der *Muftiate* aber auch zum Problem werden.[19]

4.2 Legitimation und Allianzbildung

Unmittelbar nach Beginn des russischen Angriffskrieges gegen die Ukraine bemühten sich zahlreiche muslimische Autoritäten um eine islamische Legitimierung der Invasion. Der tschetschenische Mufti Salakh Mezhiev erhob den Angriff zum »Dschihad für Propheten und Islam« und eine Gruppe von Muftis aus anderen Lan-

---

16 Vgl. Kashan, Hilal, »Auf der Suche nach dem neuen Saladin. Unterstützung für Putin in der arabischen Welt« (April 2022) [https://www.cicero.de/aussenpolitik/unterstutzung-fur-putin-in-der-arabischen-welt-auf-der-suche-nach-neuen-helden] Abgerufen am 26.07.2024.
17 Vgl. Laruelle 2023, 17.
18 Vgl. ebd. 28.
19 Vgl. Laruelle 2021, 31.

desteilen erklärte die im Krieg Gefallenen in einem Rechtsgutachten (*Fatwa*) wenig später zu islamischen Märtyrern.[20] Wie beschrieben findet das »Dschihad-Narrativ« bei Muslimen im In- und Ausland durchaus Anklang und trägt zumindest in gewissem Maße zur Kriegslegitimierung und Bildung von Allianzen bei. Bei Dschihadisten und islamistischen Terroristen verfangen diese Argumentationsmuster allerdings weniger. Hier überwiegt die Überzeugung, dass es im Interesse »des Islam« sei, wenn sich »die Unterdrücker« (Russland und der Westen) gegenseitig vernichten.[21] Die Gefahren der Vereinnahmung des »Dschihad-Narrativs« durch russische Offizielle zeigte sich unter anderem im Oktober 2022, als muslimische Soldaten mindestens 11 Kameraden im Streit über die korrekte Verwendung islamischer Begriffe erschossen haben sollen.[22]

4.3 Kämpfer und Kanonenfutter

Ein wenig beachteter Teilaspekt in diesem Kontext ist die Tatsache, dass die russische Armeeführung vorzugsweise junge Männer aus den muslimisch geprägten russischen Peripherieregionen an die Front in die Ukraine schickt. Durch diese Rekrutierungspolitik konnte das russische Regime eine breite Mobilmachung in den zentralen Landesteilen zunächst vermeiden und den Krieg länger von der russischen Kernbevölkerung fernhalten. Die Rekrutierung von Vertretern muslimischer Minderheiten wird in der Literatur vor allem mit sozioökonomischen Faktoren erklärt. Dass hierdurch zugleich eine potenziell unruhestiftende Bevölkerungsgruppe, die »von der Mehrheit der Bevölkerung nicht vermisst wird«, verheizt werden sollte, bleibt allerdings Spekulation.[23]

---

20 Vgl. Kemper, Michael, Ijtihad in Putin's Russia? Signature Fatwas from Moscow and Kazan, in: Journal of the Economic and Social History of the Orient 65 (2022), 935-960, hier: 936.
21 Vgl. Gaspar/Sold 2022, 4.
22 Vgl. Laruelle 2023, 11.
23 Derartige Vermutungen finden sich unter anderem bei Kasakow, Evgeniy, »Ukraine-Krieg: Russland mobilisiert den Superstar« (November 2023) [https://www.nd-aktuell.de/artikel/1177490.russland-ukraine-krieg-russland-mobilisiert-den-superstar.html] Abgerufen am 26.07.2024.

4.4 Exkurs: Ukrainische Islampolitik

Auch auf ukrainischer Seite spielen muslimische Kämpfer und islamische Religionspropaganda eine nicht unerhebliche Rolle. Zahlreiche Tschetschenen haben sich aus Hass gegen Russland den ukrainischen Truppen angeschlossen. Oppositionelle Zentralasiaten, Tartaren und Flüchtlinge aus den turksprachigen Republiken Russlands und ehemalige Syrien-Kämpfer und Dschihadisten kämpfen ebenfalls auf ukrainischer Seite. Die wichtigsten muslimischen Religionsgelehrten der Ukraine haben dazu aufgerufen, das Land zu verteidigen, und bedienen sich hierbei auch genuin islamischer Argumente.[24] Schließlich haben sich auch die Gegner Kadyrows in zwei Bataillonen auf ukrainischer Seite konstituiert. Beobachter sprechen deshalb von einem »Stellvertreterkrieg«.[25]

5. Fazit

Die russische Islampolitik spielt im Angriffskrieg gegen die Ukraine keineswegs eine nachgeordnete Rolle. Sie stellt weltanschauliche und religiöse Legitimität her, sichert soziale und politische Kontrolle, bietet einen Rahmen zur Bekämpfung innenpolitischer Gegner und versorgt die Streitkräfte mit Kämpfern. Aber diese Politik birgt auch Risiken. Die Ausnutzung innermuslimischer Rivalitäten lässt ethnische und konfessionelle Konflikte in Russland wieder erstarken und ruft dschihadistische Terroristen auf den Plan, die im »russischen Islam« eine Gotteslästerung sehen. Für westliche Interessen und Politik ist aber noch ein weiterer Aspekt relevant. Russischer Nationalismus und islamische Propaganda eint die starken antiwestlichen Bezüge. Für westliche Bemühungen um eine Stabilisierung des postsowjetischen und nahöstlichen Raums ist das keine gute Nachricht.

---

24 Gaspar/Sold 2022, 5.
25 Heß 2023, 6.

Militärseelsorge an der Front
Theologische Praxis im Grauen des Krieges?

Regina Elsner

Die Rolle der Religionen in Russlands Angriffskrieg gegen die Ukraine ist vielschichtig und wird auch in den kommenden Jahren tiefgehende Analysen erfordern. Ein Aspekt, der dabei bisher seltener im Fokus steht und darüber hinaus bis dato kaum wissenschaftlich verhandelt wurde, ist die Präsenz von Geistlichen in den Streitkräften der beiden beteiligten Armeen. Die als Militärseelsorge bezeichnete Institution der religiösen Präsenz in den Streitkräften ist dabei für beide Armeen – in der Ukraine und in Russland – ein wichtiger Teil der militärischen Struktur mit teilweise ähnlichen Merkmalen, aber auch bedeutenden Unterschieden. Während die Präsenz der Kirche in der Armee vor dem Zerfall der Monarchien am Anfang des 20. Jahrhunderts eine Selbstverständlichkeit der vormodernen Verbindung von Religion und Staat war, verfolgten die säkularen bzw. atheistischen Systeme seit dem Beginn des 20. Jahrhunderts eine mehr oder weniger radikale Trennung von Kirche und Staat, sodass Religion bis zum Ende der Sowjetunion keinen Platz in den Streitkräften hatte. Nach dem Ende der Sowjetunion haben sich die Streitkräfte an sich, aber auch die Rolle der Religion in der Gesellschaft und Politik in beiden Ländern sehr unterschiedlich entwickelt, was Teil einer größeren Entfremdung ist, die sich letztendlich auch in diesem Krieg widerspiegelt. Im Folgenden sollen Strukturen, inhaltliche Ausrichtung und theologische Leitlinien der Militärseelsorge im Krieg dargestellt und diskutiert werden.

Ukraine – Religiöse Vielfalt und »spirituelle Sicherheit«

Die Ukraine hat seit der Unabhängigkeit 1991 eine äußerst liberale Religionsgesetzgebung durchgesetzt, welche die religiöse Vielfalt des Landes schützt und stärkt. Als Erbe der sowjetischen Religionspolitik blieb eine gewisse Kontrolle der religiösen Landschaft durch ein staatliches Religionsamt bis heute erhalten. Es diente jedoch in weiten Teilen hauptsächlich der ordnungsgemäßen Registrierung von Religionsgemeinschaften und einer Kanalisierung der Kommunikation religiöser Organisationen mit dem Staat. Der 1996 gegründete »Allukrainische Rat der Kirchen und Religionsgemeinschaften« (AUCCRO) sollte diese Funktion auf der religiösen Seite übernehmen. In ihm sind bis heute knapp 95 % der organisierten Religionsgemeinschaften des Landes vertreten und er ist maßgeblich an der Ausarbeitung der Rahmen der Zusammenarbeit von Staat und Religionen beteiligt. Da es in der Ukraine keine gesetzlich privilegierte Religionsgemeinschaft gibt, die einen besonderen Anspruch auf eine direkte Ausgestaltung der religiösen Präsenz in staatlichen Einrichtungen erheben könnte, gehörte auch die Ausformulierung der Prinzipien einer Militärseelsorge zu den Aufgaben des Rates.

In den 1990er Jahren entwickelte sich zunächst eine sporadische Zusammenarbeit bestimmter Geistlicher in einzelnen Einheiten der ukrainischen Armee. Die meisten Einheiten erhielten eine kleine Kapelle oder Kirche, wo regelmäßig Priester aus den nahegelegenen Orten Gottesdienste feierten. Dies waren in erster Linie orthodoxe Kirchen der zu dem Zeitpunkt größten und einzigen etablierten orthodoxen Kirche, der Ukrainischen Orthodoxen Kirche (UOK) in Gemeinschaft mit dem Moskauer Patriarchat. Andere Religionsgemeinschaften – die Ukrainische Griechisch-Katholische Kirche (UGKK), protestantische Kirchen und muslimische Gemeinschaften – besuchten Einheiten je nach Bedarf auf ehrenamtlicher Basis oder leisteten humanitäre Unterstützung. In den 2000er Jahren begann eine koordiniertere Zusammenarbeit der staatlichen Stellen, besonders mit der UOK und der 1992 gegründeten Ukrainischen Orthodoxen Kirche - Kyiver Patriarchat (UOK-KP) sowie mit der UGKK. Alle drei Kirchen richteten spezielle Abteilungen zur Zusammenarbeit mit den Streitkräften ein[1], hinzu kamen interkonfessionelle und interreligiöse Zusammenschlüsse, um die Seelsorge der Angehörigen des Militärs und die institutionelle Zusammenarbeit zu stärken. Regelmäßige Konferenzen diskutierten die aktuellen Herausforderungen und unterstützten die professionelle Vernetzung. Dennoch blieb die Arbeit von ihrer Struktur her eine ehrenamtliche Arbeit der Priester und anderer, speziell beauftragter Personen. Erst 2008 kam es zu einer offiziellen gemeinsamen Erklärung zwischen Verteidigungsministerium und Religionsgemeinschaften und im Anschluss daran zu mehreren Gesetzesinitiativen, die jedoch wiederholt scheiterten.[2] 2009 wurde ein interreligiöser Rat zur pastoralen Begleitung von Militärangehörigen im Verteidigungsministerium eingerichtet. Besonders die UGKK konnte durch ihre internationale Vernetzung wichtige Erfahrungen und Kompetenzen bei der Entwicklung eines tragfähigen Konzepts der Militärseelsorge beitragen und wurde zum entscheidenden Akteur in der Entwicklung von Gesetzesentwürfen.

Die Annexion der Krim durch Russland und der Beginn des hybriden Kriegs im Osten der Ukraine im Frühjahr 2014 veränderten die Dynamik hin zu einer Professionalisierung der Militärseelsorge und zur Ausarbeitung eines eigenen Gesetzes, das nicht nur den Soldatinnen und Soldaten Unterstützung und Ausübung der Religionsfreiheit, sondern auch den Seelsorgerinnen und Seelsorgern soziale Absicherung ermöglichen sollte. Dieses Gesetz »Über den Dienst der Militärseelsorge«[3] wurde schließlich im Herbst 2021 verabschiedet und trat im Herbst 2022 – also bereits nach der voll-

---

1 Vgl. Abteilung für Militärseelsorge der UGKK, »Über UNS« (Oktober 2006) [https://www.kapelanstvo.ugcc.ua/pro-nas/] Abgerufen am 26.07.2024.
2 Vgl. Козак, Оксана, » Бути поруч завжди«: значення і подробиці закону про військових капеланів в Україні« (Dezember 2021) [https://ugcc.ua/data/buty-poruch-zavzhdy-znachennya-i-podrobytsi-zakonu-pro-viyskovyh-kapelaniv-v-ukrayni-417/] Abgerufen am 26.07.2024.
3 Zum Gesetz auf der Homepage des ukrainischen Parlaments vgl. Інформаційне управління Апарату Верховної Ради Україн, »Прийнято Закон ›Про Службу військового капеланства‹ « (November 2021) [https://www.rada.gov.ua/news/Novyny/217100.html] Abgerufen am 26.07.2024 und vgl. »Проєкт Закону про Службу військового капеланства« (Januar 2021) [https://w1.c1.rada.gov.ua/pls/zweb2/webproc4_1?pf3511=70878] Abgerufen am 26.07.2024.

umfänglichen Invasion der russischen Armee – in Kraft. Darin reguliert sind der Dienstrang und die Ausbildung von Seelsorgern – erforderlich ist ein höherer theologischer Abschluss –, die Quote für bestimmte Religionsvertreter und der Aufgabenbereich der Militärseelsorge.

Wie Synchak, Livak und Fedorenko anmerken, entwickelte sich die Militärseelsorge parallel zum demokratischen Aufbruch der ukrainischen Gesellschaft.[4] Es ist bemerkenswert, dass die Wahrung der Religions- und Gewissensfreiheit in allen Dokumenten zur Militärseelsorge an erster Stelle steht und erst danach Fragen der ethischen Begleitung der Streitkräfte genannt werden. Im Gesetz gehören zu den Prinzipien: 1) Anerkennung der verfassungsgemäßen Religionsfreiheit, 2) Gleichberechtigung aller Glaubensbekenntnisse, 3) Gleichberechtigung aller Seelsorger unabhängig von ihrer Glaubensgemeinschaft, 4) toleranter Umgang mit anderen Seelsorgern, 5) Verbot des Proselytismus, 6) Freiwilligkeit der Teilnahme an religiösen Angeboten, 7) Vorrang der militärischen Aufgaben vor geistlich-religiösen Bedürfnissen. Die Aufgaben, die der Militärseelsorge zugeschrieben werden, umfassen: 1) Ermöglichung der Ausübung religiöser Bedürfnisse, 2) Entwicklung der kollektiven Moral, 3) Popularisierung eines gesunden Lebensstils, 4) Stärkung der weltanschaulichen Toleranz, 5) Kontaktaufnahme mit anderen Religionsvertretern an den Orten der militärischen Stellung, 6) Unterstützung bei Rehabilitation und psychologische Hilfe, 8) Beratung der Kommandierenden in religiösen Fragen. Die Nutzung von Waffen und Munition wird den Seelsorgern verboten.

Die Ausrichtung an den Menschenrechten und praktisch ein Fehlen der Erwartung, dass die Religionsgemeinschaften die patriotischen Interessen des Landes oder der Streitkräfte vertreten müssen, sind gerade im Vergleich zur Entwicklung der Militärseelsorge in Russland und zum Abschied von den sowjetischen Konzepten

---

4 Vgl. Synchak, Bogdan / Livak, Petro / Fedorenko, Mykhailo, Training of Military Chaplains for the Armed Forces of Ukraine in Conditions of the Invasion by the Russian Federation, in: Occasional Papers on Religion in Eastern Europe 42 (2022) [https://doi.org/10.55221/2693-2148.2345] Abgerufen am 26.07.2024.

der ideologischen Bildung von Soldatinnen und Soldaten bedeutsam. Sie entspricht der besonderen religiösen und weltanschaulichen Vielfalt in der Ukraine, die als besonderer Wert nach dem Ende der Sowjetunion wiederhergestellt und unterstützt wird, und sie entspricht der grundlegend demokratischen Entwicklung von Gesellschaft und Staat spätestens seit 2004. Die Notwendigkeit eines solchen Fundaments in den Streitkräften wurde besonders durch die aktive Beteiligung aller Religionsgemeinschaften an der »Revolution der Würde« 2013/14 unterstrichen. Dort hatten Religionsgemeinschaften – besonders die christlichen Kirchen – ihr deeskalierendes Potential und die breite gesellschaftliche Anerkennung ihrer moralischen Autorität bewiesen, was sich schließlich auch auf die starken Bezüge auf die Menschenwürde unter den Demonstrierenden ausgewirkt hatte. In Fortsetzung dieses Erbes haben die Religionsgemeinschaften 2017 im Rahmen des UCCRO eine gemeinsame »Strategie für die Beteiligung der Ukrainischen Religionsgemeinschaften am Friedensprozess« veröffentlicht, die als friedensethische Orientierung im Krieg dienen soll. Die Streitkräfte werden darin als Verteidiger des friedlichen Miteinanders erwähnt, deren eigentliches Ziel Frieden sei.[5]

Die Religiosität in der ukrainischen Bevölkerung ist gleichbleibend hoch, sodass auch innerhalb der Streitkräfte der Bedarf an seelsorgerischer Begleitung groß ist. Gleichzeitig fehlt es insgesamt an umfassender psychologischer Unterstützung gerade in der traumatisierenden Situation des äußerst brutalen russischen Angriffskrieges. Die Zahl der Seelsorgerinnen und Seelsorger an der Front ist in dieser Situation weiterhin gering, von der im Gesetz vorgesehenen Anzahl von knapp 740 Positionen waren 2023 nur etwa 80 dauerhaft besetzt, mehrere Hundert zukünftige Seelsorger befinden sich in Ausbildung, viele sind weiterhin ehrenamtlich an der Front, vor allem aber auch in den Krankenhäusern und bei den Familien tätig. Erfahrene Militärseelsorger wie der griechisch-katholische Andrij Zelinskij bemühen sich um eine gute Vernetzung bei

---

5   Vgl. UCCRO, »Strategy for participation of Ukrainian religious organizations in the peacebuilding process« (Dezember 2017) [https://vrciro.ua/en/documents/uccro-peacebuilding-strategy-ukraine] Abgerufen am 26.07.2024.

den Fortbildungen und um eine bessere psychologische Unterstützung von Militärseelsorgern und Militärangehörigen in diesem Krieg. Die Berichte der Militärseelsorge von der Front in der Öffentlichkeit sind grundsätzlich eher zurückhaltend und von einem Mitgefühl mit den Kämpfenden und ihren Familien sowie mit ihren geistlichen und psychologischen Konflikten geprägt.

Trotz der großen Bedeutung, die per Gesetz der weltanschaulichen Toleranz in der Militärseelsorge zukommt, haben die Debatten um die »spirituelle Unabhängigkeit« des Landes in der Zeit des russischen Angriffskrieges Auswirkungen auf das interreligiöse Miteinander. Die Debatte um das Sicherheitsrisiko, das von der Ukrainischen Orthodoxen Kirche (UOK), die lange in Gemeinschaft mit dem Patriarchat von Moskau stand, ausgehen könnte, spitzte sich mit dem offenen Angriffskrieg zu und führte 2023 schließlich zu einer kontroversen Diskussion eines Verbots dieser Kirche. Allerdings bekennt sich gleichzeitig ein bedeutender Anteil der Soldaten und Soldatinnen zu der UOK, Gemeinden sind engagiert in der Unterstützung der Armee bis hin zur ehrenamtlichen Militärseelsorge. Der Zugang von Geistlichen der UOK zu den Streitkräften besonders an der direkten Front wurde bereits vor 2022 zunehmend erschwert und hing zu großen Teilen von persönlichen, vertrauensvollen Beziehungen der Kommandeure mit bestimmten Priestern ab. Nach der Verabschiedung entsprechender Änderungen im Religionsgesetz im Sommer 2024 und im Gesetz zur Militärseelsorge ist der Zugang von Geistlichen der UOK vorerst unmöglich. Dies bedeutet auch eine Einschränkung der Religionsfreiheit von gläubigen Militärangehörigen.

Russland: Militarisierung und Kriegstheologie

Die russische Entwicklung des Konzepts Militärseelsorge unterscheidet sich grundlegend von der ukrainischen Entwicklung. Dies hängt vorrangig mit zwei Faktoren zusammen. Zum einen wurde die demokratische Entwicklung gerade auch im Hinblick auf die Religionsfreiheit spätestens mit dem Religionsgesetz von 1997 und der darin festgeschriebenen Privilegierung der Russischen Orthodoxen Kirche in der Zusammenarbeit mit den staatlichen Strukturen gebremst. Zum anderen hat sich diese Tendenz mit der offen repressiven Innenpolitik ab 2011 auch für andere Bereiche der Gesellschaft verfestigt. Entsprechend dieser politischen und gesellschaftlichen Entwicklung hat sich in Russland eine äußerst enge Zusammenarbeit der Streitkräfte mit der Russischen Orthodoxen Kirche entwickelt. Wie auch in anderen Bereichen der Kooperation von Staat und Kirche ist dabei eine Priorisierung der patriotischen und »geistlich-kulturellen«[6] Bildung durch die Vertreter der Kirche vorgesehen. Ideologischer Mittelpunkt ist das Paradigma des Sieges, welches die Erfahrung des Sieges über Nazideutschland im Zweiten Weltkrieg als zentrales Identitätsmerkmal der gegenwärtigen Russischen Föderation definiert und damit eine Sakralisierung der russischen Armee als direkte Nachfolgerin der sowjetischen Armee befördert. Eine Kulmination fand diese Sakralisierung und Militarisierung in der Einweihung der Hauptkathedrale der Streitkräfte der Russischen Föderation bei Moskau im Mai 2020.[7]

Eine besondere Destruktivität erhält diese Vorstellung durch die systematische Missachtung der Menschenwürde in den Strukturen des Militärs, was seit dem Ende der Sowjetunion zu einer unüberschaubaren Fülle an Machtmissbrauch, sexuellem Missbrauch, einer erhöhten Suizidalität und Anschlusserkrankungen – vor allem Sucht und Depressionen – bei Wehrdienstleistenden und Berufssoldaten geführt hat. Die ROK hat seit den 1990er Jahren als einzige Religionsgemeinschaft einen flächendeckenden Zugang zu den Einheiten des Militärs. Bereits 1994 wurden gemeinsame Strukturen zwischen ROK und Verteidigungsministerium eingerichtet

---

6 Die jüngste Verwendung dieses Konzepts findet sich im März 2024, als Patriarch Kyrill und der General der Nationalgarde, Viktor Zolotov, eine neue Vereinbarung über die Zusammenarbeit von Kirche und Nationalgarde unterzeichneten: »Состоялось подписание Соглашения о сотрудничестве между Русской Православной Церковью и Федеральной службой войск национальной гвардии« (März 2024) [http://www.patriarchia.ru/db/text/6111564.html] Abgerufen am 26.07.2024.

7 Golovko, Oksana, »В стиле советского плаката. Искусствоведы, священник и иконописец — о храме Вооруженных сил России« (Mai 2020) [https://www.pravmir.ru/v-stile-sovetskogo-plakata-iskusstvovedy-svyashhennik-i-ikonopisecz-o-hrame-vooruzhennyh-sil-rossii/] Abgerufen am 26.07.2024.

und mehrere Konferenzen thematisierten die Tradition der Zusammenarbeit von russischer Armee und Orthodoxer Kirche sowie die »geistlich-moralischen und orthodoxen Traditionen der russischen Armee«[8]. In den folgenden Jahren verstärkte die ROK besonders unter dem damaligen Metropoliten Kyrill (Gundjajew) die Zusammenarbeit mit dem Militär. Folglich kam es zu Einweihungen eigens errichteter Kirchen, der Heiligsprechung bestimmter militärischer Führer aus der russischen Geschichte und der besonderen Segnung von Kriegsschiffen und Waffenträgern, einschließlich atomarer Waffen. Auch wenn das Institut der Militärseelsorge erst 2009 durch das Verteidigungsministerium eingeführt wurde, waren Priester in allen Strukturen bereits regelmäßig präsent.

Im Zentrum der Militärseelsorge standen von den ersten Initiativen der ROK in den frühen 1990er Jahren an die patriotische und sittliche Erziehung der Militärangehörigen sowie die Wiederherstellung der orthodoxen Tradition der Streitkräfte. Von dem Menschenrecht auf Religionsfreiheit und Weltanschauungsfreiheit oder einem menschenwürdigen Umgang innerhalb des Militärs war an keiner Stelle die Rede. 2013 verabschiedete der Synod der ROK seine »Vorschriften für die Militär-Geistlichen der Russischen Orthodoxen Kirche in der Russischen Föderation«, die die Aufgaben der Geistlichen wie folgt beschreiben: »1) Durchführung von Gottesdiensten und religiösen Riten; 2) geistliche und erzieherische Arbeit; 3) Teilnahme an den vom Kommando durchgeführten Aktivitäten zur patriotischen und moralischen Erziehung der Soldaten (Mitarbeiter) und ihrer Familienangehörigen; 4) Unterstützung des Kommandos bei der Durchführung von Präventivmaßnahmen zur Stärkung der öffentlichen Ordnung und der Disziplin, zur Verhinderung von Straftaten, ungesetzlichen Beziehungen und selbstmörderischen Vorfällen; 5) Beratung des Kommandos in religiösen Fragen; 6) Mitwirkung bei der Gestaltung von Beziehungen des Kollektivs auf der Grundlage der Normen der christlichen Moral; 7) Mitwirkung an der Bildung eines gesunden moralischen Klimas in

---

8   Vgl. Lukichev, Boris, »Патриарх Кирилл и военное духовенство« (Juni 2015) [https://old.pobeda.ru/wp-content/uploads/2018/12/Patriarh-Kirill-i-voennoe-duhovenstvo-poslednyaya-redaktsiya-28.06.2015.pdf] Abgerufen am 26. 07.2024, 3ff.

den Familien der Soldaten.«⁹ Fragen der seelsorgerischen oder psychologischen Unterstützung der Militärangehörigen oder des Schutzes von Menschenrechten tauchen hingegen im gesamten Text nicht auf, ebenso wenig das Thema Frieden oder die Einhaltung bestimmter Standards eines menschenwürdigen Umgangs in Kriegs- oder Konfliktsituationen. Der Dienst am Vaterland, der mit der ständigen Bereitschaft zur eigenen Selbstaufopferung verbunden ist, wird damit zum tragenden Element der Militärseelsorge.

Wie in der Ukraine hat auch in Russland der Krieg auf das Nachbarland die Dynamik der Militärseelsorge beschleunigt, auffällig ist dabei jedoch, dass dies bereits 2013 geschah. In den Jahren vor 2022 zeigte sich eine problematische Verknüpfung der paramilitärischen Aktivitäten Russlands durch die Söldner-Gruppe Wagner in Afrika mit der Ausbreitung der Strukturen der ROK, was sich 2022 und 2023 durch die undurchsichtigen Beziehungen zwischen dem Exarchen für die russischen kirchlichen Strukturen Leonid (Gorbachev) und den Anführer der Wagner-Gruppe Jevgenij Prigozhin bestätigte. In der Situation des Angriffskrieges auf die Ukraine hat sich die Kirchenleitung vollständig hinter die Ideologie des Krieges als einer Verteidigung des eigenen zivilisatorischen Raums gegen bösartige Mächte gestellt. Die Militärseelsorge ist darum in ihrem Selbstverständnis eine Bestärkung der Streitkräfte in ihrem selbstaufopfernden Dienst, was das Oberhaupt der Kirche in seiner Predigt vom 25. September 2022 durch den Bezug zum »heilbringenden Opfer«¹⁰ bestätigte. Zugängliche Berichte über die Geistlichen an der Front sind größtenteils von Siegeswillen und in der Symbolik des rettenden Kampfes gegen den Faschismus, das Böse und den Feind gehalten. Es gibt neben den regulären Militärgeistlichen auch zahlreiche Freiwillige, die sich an die Front bege-

---

9 »Положение о военном духовенстве Русской Православной Церкви в Российской Федерации« (Dezember 2013) [https://pobeda.ru/dokumentyi/polozhenie-o-voennom-duhovenstve-russkoy-pravoslavnoy-tserkvi-v-rossiyskoy-federatsii.html] Abgerufen am 26.07.2024.
10 »Патриаршая проповедь в Неделю 15-ю по Пятидесятнице после Литургии в Александро-Невском скиту« (September 2022) [http://www.patriarchia.ru/db/text/5962628.html] Abgerufen am 26.07.2024.

ben und dabei offensichtlich auch selbst an direkten Kampfhandlungen beteiligt sind, ohne dafür die von den kirchlichen Regularien vorgesehenen Strafen zu erhalten.[11] Zahlreiche Priester sind außerdem bereits in Kampfhandlungen verstorben.[12]

Es gab vor der russischen Invasion in die Ukraine weder angesichts der öffentlich bekannten menschenunwürdigen Bedingungen in der Armee noch angesichts der maßlosen Gewalt der russischen Armee in der Ukraine eine Positionierung der ROK oder der Abteilung für die Zusammenarbeit mit den Streitkräften zu diesen Problemen. Die nachgewiesenen Verbrechen gegen die Menschlichkeit durch Angehörige der russischen Armee sind an keiner Stelle Thema kirchlicher Verlautbarungen, was als moralisches Versagen angesehen werden muss. Es ist darüber hinaus zu befürchten, dass russisch-orthodoxe Priester zumindest Kenntnis von den Umständen der Filtrationslager in den besetzten Gebieten und der massenhaften Deportation ukrainischer Kinder haben, wenn nicht sogar direkt daran beteiligt sind. Die Teilnahme der ROK an den Kriegsverbrechen der russischen Armee, sei es durch Militärseelsorger oder durch freiwillige Beteiligung von Geistlichen, wird in der Zukunft neben der völkerrechtlichen auch eine eigene theologische Aufarbeitung auch im Kontext der ökumenischen Friedensethik erfordern.

Fazit

Die Praxis der Militärseelsorge in Russlands Krieg gegen die Ukraine ist eine deutliche Illustration der gegensätzlichen Haltungen der beteiligten Religionen zu diesem konkreten Krieg und zur Kriegsführung insgesamt. Während die ukrainischen Religionsge-

---

11 Vgl. Pronina, Karina, »Если священник взял в руки оружие, это ни о чём не говорит« (September 2023) [https://baikal-journal.ru/2023/09/10/esli-svyashhennik-vzyal-v-ruki-oruzhie-eto-ni-o-chyom-ne-govorit/] Abgerufen am 26.07.2024.
12 Vgl. das Monitoring der Gruppe »Christians against War« der belarussischen Christian Vision Group: »Христиане против войны. Священники РПЦ на фронте« (Oktober 2023) [https://shaltnotkill.info/svyashhenniki-rpcz-na-fronte/] Abgerufen am 26.07.2024.

meinschaften und das Verteidigungsministerium von der Zivilgesellschaft spätestens seit der Orangenen Revolution auf einen demokratischen Weg zur Gestaltung der Zusammenarbeit bewegt wurden, hat sich in Russland ein militaristisches Zusammenspiel von Autokratie und Orthodoxie entwickelt. Die Militärseelsorge in der Ukraine versteht sich als multi- und interreligiöse Unterstützung der Mitglieder der Streitkräfte in Anerkennung ihrer menschlichen und dienstlichen Herausforderungen und auch als Garant der Einhaltung fundamentaler Menschenrechte. In Russland unterstützt die Militärseelsorge einen exklusiven orthodoxen Patriotismus und angesichts des Krieges in der Ukraine sogar einen Imperialismus, der auch vor dem Mythos der heilbringenden Selbstaufopferung nicht zurückschreckt. Neben der humanitären Katastrophe, die dieser Krieg bewirkt, bedeutet dies auch einen massiven ethischen und theologischen Bruch zwischen zwei mehrheitlich christlich geprägten Gesellschaften.

»*Gerechter Krieg*« und »*Nothilfe*«
Obsolete oder zentrale Kategorien für den Ukraine-Krieg?

Franz-Josef Bormann

Der völkerrechtswidrige Angriffskrieg Russlands gegen die Ukraine, der nicht erst am 24. Februar 2022 begann, sondern mit der Annexion der Krim bereits 2014 einen ersten Höhepunkt erlebte, ist vielfach als historische »Zäsur« bezeichnet worden. Während Bundeskanzler Olaf Scholz in seiner viel beachteten Rede im Deutschen Bundestag am 27. Februar 2022 von einer »Zeitenwende« sprach, glaubte Bundespräsident Steinmeier wenig später, in diesem Ereignis sogar einen veritablen »Epochenbruch« erkennen zu können.[1] Obwohl diese rhetorische Zuspitzung übertrieben sein mag, ist es ausdrücklich zu begrüßen, dass unter dem Druck der Ereignisse jetzt endlich auch innerhalb der deutschen Politik parteiübergreifend die Bereitschaft wächst, frühere Wahrnehmungsmuster kritisch zu hinterfragen und vor allem jene verteidigungspolitischen Fehlentscheidungen der letzten Jahrzehnte zu korrigieren, die im Ergebnis eine fatale Schwächung der Verteidigungsfähigkeit Deutschlands bewirkt haben. Doch nicht nur die Bundesregierung, auch die Leitungsorgane der christlichen Kirchen sind dazu aufgefordert, ihre jüngeren friedensethischen Positionierungen selbstkritisch zu überdenken und so fortzuschreiben, dass sie den gegenwärtigen Herausforderungen gerecht werden.[2]

---

1   Vgl. Bundespräsident Frank-Walter Steinmeier bei der Eröffnung des 22. Ordentlichen Bundeskongresses des Deutschen Gewerkschaftsbundes (Mai 2022) [https://www.bundespraesident.de/SharedDocs/Reden/DE/Frank-Walter-Steinmeier/Reden/2022/05/220508-DGB-Bundeskongress.html] Abgerufen am 26.07.2024.
2   Vgl. für die folgenden Ausführungen auch Bormann, Franz-Josef, Eine ‚Zeitenwende' auch für die katholische Friedenslehre? Moraltheologische Überlegungen zum russischen Angriffskrieg auf die Ukraine, in: Theologische Quartalschrift 51 (2023) Heft 3, 25-43.

1. Die Vielschichtigkeit des biblischen Befunds und der theologischen Tradition

Die verbreitete Vorstellung, der Beitrag der christlichen Religion zu Fragen der Sicherheitspolitik erschöpfe sich in einer *pazifistischen Utopie*, die zwar gesinnungsethisch achtenswert erscheine, sich für die Bewältigung realer politischer Probleme aber als wenig tauglich erweise, wird weder der Komplexität des biblischen Textbefundes noch der Vielschichtigkeit der theologischen Traditionsbestände gerecht. Das Alte Testament zeigt eine erstaunliche Variabilität zu Krieg und Frieden abhängig von der jeweiligen politischen Verfasstheit des alten Israel.[3] Diese reicht von der Rechtfertigung von Angriffskriegen und der Überhöhung von kriegerischen Handlungen zu sogenannten »heiligen Kriegen« über die prophetische Warnung vor aussichtslosen kriegerischen Aufständen gegen benachbarte Großmächte, denen Israel als Vasallenstaat unterworfen war, bis hin zu ausgesprochen pazifistischen Visionen insbesondere in den jüngsten Textformationen, die unter poststaatlichen Bedingungen entstanden sind und aufgrund ihrer stark eschatologischen Einfärbung keine unmittelbare politische Handlungsanleitung darstellen, sondern Hoffnungsbilder evozieren, die originär religiöse Funktionen erfüllen.

Im Neuen Testament gibt es zwar durch die jesuanischen Aussagen zum Gewaltverzicht und zur Feindesliebe im Rahmen der Bergpredigt eine eindeutig gewaltkritische Spur, die alle Christinnen und Christen zu einer Haltung der Vergebungsbereitschaft und der Überwindung der alltäglichen Gewaltspirale zum glaubwürdigen Zeugnis für den Anbruch des Reiches Gottes verpflichtet, doch dürften diese Weisungen primär auf den persönlichen Umgang mit individuellen Gegnerinnen und Gegnern abzielen. Eine direkte Übertragung auf den politischen Bereich – insbesondere auf das Handeln eines modernen säkularen, religiös-weltanschaulich neutralen Staates – dürfte demgegenüber außerhalb des

---

3 Vgl. Lohfink, Norbert, Krieg und Staat im alten Israel (Beiträge zur Friedensethik 14), Barsbüttel 1992; Krochmalnik, Daniel, Krieg und Frieden in der hebräischen Bibel und rabbinischen Tradition, in: Werkner, Ines-Jacqueline / Ebeling, Klaus (Hg.), Handbuch Friedensethik, Wiesbaden 2017, 191-202.

Horizontes dieser Texte liegen.[4] Dies schwächt die Verpflichtung der einzelnen Christinnen und Christen, sich über ihr privates Umfeld hinaus auch für ein friedliches Zusammenleben der Völker einzusetzen, jedoch keineswegs ab, sondern erinnert lediglich daran, dass innerhalb eines politischen Gemeinwesens mehrere Verantwortungsebenen voneinander zu unterscheiden sind, die trotz vielfältiger Wechselwirkungen und Interdependenzen funktional differenzierte Zuständigkeiten markieren. Deswegen ist es auch wenig überraschend, dass sich in der langen Geschichte der christlich inspirierten Friedensethik je nach historischer Konstellation und primären Adressatinnen und Adressaten eine Vielzahl unterschiedlicher Positionierungen nachweisen lässt.

2. Die traditionelle Lehre vom *ius ad bellum* und *ius in bello*

Kirchliche Einlassungen zu Krieg und Frieden sollten schon aus Gründen der Kohärenz generell darauf achten, dass basale Einsichten der eigenen Tradition angemessen zur Geltung gebracht werden. Auch wenn es ein völliges Missverständnis der tatsächlichen Genese der christlichen Friedensethik wäre, diese als einen starren Kanon unveränderlicher Prinzipien zu konzipieren und damit die historische Dimension der Einsicht in viele thematische und normative Zuwächse ihrer Lehrgehalte auszublenden, bedeutet dies im Umkehrschluss nicht, dass es überhaupt keine Kontinuitätslinien geben würde. Das lässt sich gerade an der traditionellen Lehre

---

4 Dieser Befund ist sorgfältig von den verschiedenen standesethischen, interimsethischen oder gesinnungsethischen Interpretationsversuchen abzugrenzen, die im Laufe der Theologiegeschichte entwickelt worden sind und im Ergebnis zu einer Verkürzung des Sinngehalts der hochethischen Weisungen der Bergpredigt geführt haben. Vgl. Fürst, Alfons, Friedensethik und Gewaltbereitschaft. Zur Ambivalenz des christlichen Monotheismus in seinen Anfängen, in: ders. (Hg.), Frieden auf Erden? Die Weltreligionen zwischen Gewaltverzicht und Gewaltbereitschaft, Freiburg 2006, 45-81; Hengel, Martin, Gewalt und Gewaltlosigkeit. Zur »Politischen Theologie« in neutestamentlicher Zeit, in: ders., Jesus und die Evangelien. Kleine Schriften 5 (WUNT 211), Tübingen 2007, 245-288; Luz, Ulrich, Feindesliebe und Gewaltverzicht: Zur Struktur und Problematik neutestamentlicher Friedensideen, in: Holzem, Andreas (Hg.), Krieg und Christentum. Religiöse Gewalttheorien in der Kriegserfahrung des Westens, Paderborn 2009, 137-149.

vom *ius ad bellum* und *ius in bello* illustrieren, die die Entwicklung des humanitären Kriegsvölkerrechts nachhaltig geprägt hat.

Gegen das Lehrstück werden gewöhnlich drei Einwände ins Feld geführt: Erstens entstamme es einer Zeit, in der noch kein umfassendes völkerrechtliches Gewaltverbot existierte und Krieg grundsätzlich noch als legitimes Mittel der Politik betrachtet wurde, was derzeit nicht mehr der Fall sei. Zweitens hätten technologische Innovationen – insbesondere die Entwicklung moderner ABC-Waffen – mittlerweile dazu geführt, dass eine strikte Trennung zwischen Kombattanten und Nonkombattanten gar nicht mehr möglich sei und die einschlägigen Erlaubnis- bzw. Verbotskriterien daher nicht mehr angewendet werden könnten. Drittens werde diese Lehre den neuen Herausforderungen durch hybride Formen der Kriegsführung, bürgerkriegsähnliche Unruhen im Kontext von sogenannten *failing states* und terroristische Bedrohungen nicht gerecht, da sie konzeptionell dem Modell zwischenstaatlicher Kriegsszenarien verhaftet sei. Obwohl alle diese Bedenken ernst zu nehmen sind, rechtfertigen sie aus zwei Gründen weder einzeln noch in ihrer Gesamtheit eine generelle Verabschiedung des Lehrstücks vom gerechten Krieg.[5]

Zum einen beruhen die Versuche, einen Gegensatz zwischen dem vermeintlich neuen Leitbild eines »gerechten Friedens« und der traditionellen *bellum iustum*-Lehre zu konstruieren, auf der falschen Annahme eines normativen Dissenses in der Zielperspektive, der sich bei näherer Betrachtung als inexistent erweist. Da es der Lehre vom gerechten Krieg »in erster Linie nicht darum geht, den Einsatz militärischer Mittel zu rechtfertigen, sondern darum, den Frieden zu sichern und den Krieg zu verhindern, bzw. ihn da, wo er nicht zu verhindern ist, zu begrenzen«[6], kann von einer teleologischen Grunddifferenz zwischen beiden Konzepten keine Rede sein. Zum anderen erweisen sich die von der Tradition bereitgestellten Kriterien zur Prüfung der Legitimität einer militärischen

---

5 Vgl. Spieker, Manfred, Christliche Friedensethik und der Krieg in der Ukraine. Warum die Lehre vom gerechten Krieg nicht überholt ist, in: IkZ Communio 51 (2022) Heft 5, 557-569.
6 Ebd., 560.

Gewaltanwendung auch heute noch als hoch aktuell und unverzichtbar. Thomas von Aquin konzentrierte diese Kriterien auf eine klassische Trias: erstens auf die formale Autorität der politischen Führung eines Gemeinwesens (im Sinne der *auctoritas principis*), zweitens auf den gerechten Grund (im Sinne der *causa iusta*), der in gravierendem Unrecht bestehen muss, und drittens auf die rechte Absicht (im Sinne der *recta intentio*), die auf die Friedenssicherung ausgerichtet sein muss.[7] Der aktuelle Weltkatechismus ergänzt zusätzlich noch die *ultima ratio*-Bedingung, die realistische *Erfolgsaussicht* und die *Proportionalitätsforderung* im Rahmen einer Schaden-Nutzen-Abwägung.[8] Unabhängig von der konkreten Ausgestaltung solcher Kriteriologien geht es stets darum, anspruchsvolle Voraussetzungen dafür zu formulieren, dass der Einsatz von Waffengewalt überhaupt gerechtfertigt werden kann. Solcher Kriterien bedarf es im Kontext der Debatte um sogenannte humanitäre Interventionen (im Sinne einer *responsibility to protect*)[9] ebenso wie im Rahmen klassischer zwischenstaatlicher Konflikte, mit denen auch zukünftig zu rechnen ist. Wendet man diese Kriterien auf den aktuellen Krieg in der Ukraine an, erfüllt der russische Angriff auf den seit 1991 souveränen Staat der Ukraine alle Kriterien eines *ungerechten Krieges*, während die Ukraine ihrerseits jedes moralische Recht hat, sich gegen den Angreifer zu verteidigen, um das Leben und die Selbstbestimmung der eigenen Bevölkerung sowie die staatliche Integrität zu schützen. Die ethische Bedeutung dieser Einsicht wird nicht dadurch geschmälert, dass sich die kirchliche Position in den letzten Jahren in Richtung eines umfassenderen Konzeptes vom »gerechten Frieden« weiterentwickelt hat, das vor allem der *Gewaltprävention* in ihren sozialen, wirtschaftlichen, menschenrechtlichen und ökologischen Dimensionen deutlich mehr Beachtung schenkt.[10]

---

7 Vgl. Thomas von Aquin, STh II II q. 40 a.1.
8 Vgl. Katechismus der Katholischen Kirche, Nr. 2309, Leipzig 2019.
9 Vgl. Laukötter, Sebastian, Zwischen Einmischung und Nothilfe. Das Problem der »humanitären Intervention« aus völkerrechtlicher Perspektive (Quellen und Studien zur Philosophie 116), Berlin/Boston 2014.
10 Vgl. besonders Abschnitt II.2: Die deutschen Bischöfe, Gerechter Friede (2013) [https://www.dbk-shop.de/media/files_public/aa854b8461836b577d6a6d8d6d7278f6/DBK_1166.pdf] Abgerufen am 26.07.2024.

So wichtig es ist, mögliche Kriegsursachen vorausschauend zu bekämpfen und alles Erforderliche dafür zu tun, dass kriegerische Auseinandersetzungen erst gar nicht ausbrechen, so notwendig bleibt es auch im 21. Jahrhundert, die bewährte Kriteriologie zur Identifikation gerechtfertigter Formen der Gewaltausübung überall dort konsequent anzuwenden, wo basale Grundrechte von Gewaltopfern missachtet werden. Es ist daher verfehlt, einen Gegensatz zwischen der Lehre vom gerechten Krieg und dem Konzept des gerechten Friedens aufzubauen und die beiden Ansätze gegeneinander auszuspielen, wie das bedauerlicherweise nicht nur in einigen markanten Positionierungen der evangelischen Kirche,[11] sondern auch in einzelnen Äußerungen von Papst Franziskus[12] in jüngster Zeit geschehen ist. Das Leitbild vom gerechten Frieden stellt weder einen Gegensatz noch eine Alternative zur traditionellen Lehre vom gerechten Krieg dar, sondern umschreibt vielmehr eine komplementäre Sichtweise, die die bewährte *bellum iustum*-Konzeption durch die Einbeziehung wichtiger Elemente einer gewaltpräventiven Politik inhaltlich ergänzt. Demgegenüber läuft die Beschwörung eines vermeintlich christlichen Pazifismus, der sich grundsätzlich weigert, von »gerecht(fertig)en Kriegen« zu sprechen und die wahren Ursachen eines realen kriegerischen Konflikts beim Namen zu nennen, nicht nur Gefahr, hinter der Differenziertheit traditioneller begrifflicher Unterscheidungen zurückzufallen, sondern sie führt auch in logische und konzeptionelle Widersprüche,[13] die letztlich ungewollt den Aggressoren in die Hände spielen.

3. Die Bedeutung von *Notwehr* und *Nothilfe*

Die katholische Kirche verteidigt bekanntlich seit jeher das Lebensrecht jedes unschuldigen Menschen in allen Stadien seiner Existenz

---

11 Vgl. Bedford-Strohm, Heinrich, Gerechter Friede und militärische Gewalt. Friedensethische Überlegungen im Lichte des Angriffskrieges gegen die Ukraine, in: Herder-Korrespondenz 76 (2022) Heft 5, 13-16, hier 14 sowie etwas vorsichtiger Kurschus, Annette, Jenseits von Eden, in: FAZ vom 7.6.2022, Nr. 130, 7.
12 Vgl. Franziskus, Enzyklika *Fratelli tutti*, Nr. 258.
13 Vgl. Steinhoff, Uwe, Gerechtigkeit kann schrecklich sein. Friedensethik hilft hier nicht weiter: Prüfkriterien für den gerechten Krieg, in: FAZ vom 23.4.2022, Nr. 94, 9.

als basales Gut, das sich allen rein utilitaristischen Nützlichkeitskalkülen entzieht und eine unbedingte deontologische Grenze für alle Abwägungsprozesse markiert. Aus dem basalen Grundrecht auf Leben folgt ein moralisches *Recht auf Selbstverteidigung gegenüber ungerechten Angreifern*, das sich auch auf kollektive Akteure übertragen lässt. Obwohl im Falle des Ukraine-Krieges kaum jemand dem ukrainischen Volk das grundsätzliche Recht abgesprochen hat, sich gegen den russischen Angriff mit Waffengewalt zur Wehr setzen zu dürfen, gab es nicht nur zu Kriegsbeginn immer wieder Stimmen, die sich angesichts des militärischen Machtgefälles zwischen dem Aggressor und dem Gewaltopfer dafür aussprachen, durch schnelle Verhandlungen das Blutvergießen zu beenden – auch wenn dies nicht nur die Abtretung erheblicher Teile des ukrainischen Staatsgebietes, sondern auch die faktische Kapitulation vor dem offensichtlichen Bruch elementarer völkerrechtlicher Bestimmungen bedeuten würde. Die Problematik dieser Position bestand vor allem darin, dass sie den Entscheidungsraum unzulässig auf zwei gleichermaßen unbefriedigende Alternativen verkürzte: entweder das Führen eines aussichtslosen Krieges mit hohen Opferzahlen oder die Akzeptanz eines russischen Diktatfriedens. Der Versuch einzelner deutscher Intellektueller, den Ukrainerinnen und Ukrainern aus sicherer Distanz die zweite Option als das nüchtern kalkulierte *minus malum* anzuempfehlen, stand jedoch nicht nur in der Gefahr, als anmaßende Geste (miss-)verstanden zu werden, hinter der sich nur allzu leicht partikulare eigene Interessen verbergen könnten. Noch viel wichtiger war der Umstand, dass eine derartige Strategie von vornherein die Frage ausblendete, ob die Selbststilisierung zum scheinbar unbeteiligten Beobachter nicht um den Preis einer völligen Ausblendung irreduzibler eigener Verantwortlichkeiten erkauft war. Tatsächlich brechen hier für die westlichen Demokratien schwierige Fragen nach der Existenz und Reichweite spezifischer *Hilfspflichten Dritter* auf, da sie selbst zwar nicht direkt angegriffen wurden, aber durchaus in der Lage sind, dem Gewaltopfer wirksame Hilfe zu leisten.[14] Zur Vermeidung einer Verantwortungsdiffusion in solchen Konstellationen hat die moraltheologische Tradition zwei Denkfiguren entwickelt, die ursprünglich zwar dem individualethischen Bereich entstammen, *mutatis mutandis* aber auch auf dem Gebiet des kollektiven Handelns anwendbar sind.

Die eine Denkfigur betrifft den sogenannten *ordo caritatis*, demzufolge Art und Ausmaß unserer jeweiligen positiven Pflichten maßgeblich von den sozialen Beziehungen sowie geographischen Näheverhältnissen zwischen den einschlägigen Akteuren abhängen. Ungeachtet der Universalität basaler Grund- und Menschenrechte, die zu achten jeder immer und überall strikt ausnahmslos verpflichtet ist, gibt es eine gestufte Verantwortlichkeit, die mit wachsender Nähe ansteigt. Auch wenn es zu kurz greift, die erforderliche Unterstützung für die Ukraine, die gegenwärtig weder der NATO noch der EU angehört, direkt gegen die verschiedenen *out of area*-Einsätze der deutschen Streitkräfte in entlegenen Weltregionen im Rahmen bestehender Bündnisverpflichtungen in Stellung zu bringen, berührt der russische Angriff auf ein osteuropäisches Nachbarland doch in hohem Maße die gesamte europäische Sicherheitsarchitektur. Es wäre daher eigenartig, wollten wir die deutschen Interessen zwar am Hindukusch verteidigen, unsere ungleich größere Verantwortung gegenüber unseren osteuropäischen Nachbarn aber weiter gedanklich marginalisieren.

Die andere einschlägige Denkfigur besteht in der Lehre von der »Mitwirkung am Bösen« (*cooperatio ad malum*), die neben der aktiven Unterstützung unzulässiger Handlungen auch das schuldhafte Unterlassen umfasst. Wer einem Gewaltopfer helfen kann, sich aber entweder dazu entschließt, keine Hilfe zu leisten, oder sich nicht (rechtzeitig) dazu entschließt, die gebotene Hilfe zu gewähren, der macht sich mitschuldig am verbrecherischen Handeln Dritter. Da der traditionellen Mitwirkungslehre bisweilen vorgeworfen wird, sie fokussiere sich zu sehr auf die Kooperationsfor-

---

14 Es geht also nicht nur um die *Erlaubtheit* im Sinne der moralischen Möglichkeit solcher Hilfeleistungen, sondern um deren *Gebotenheit* im Sinne ihrer moralischen Notwendigkeit.

men natürlicher Personen und klammere demgegenüber die ungleich komplexeren Beziehungen zwischen kollektiven Akteuren aus,[15] bietet der Ukraine-Krieg eine gute Gelegenheit, diese Einseitigkeit zu korrigieren und ausdrücklich auch die kollektive Ebene der Verantwortung ganzer Staaten in die Betrachtung einzubeziehen. Obwohl Deutschland in enger Abstimmung mit den europäischen Partnern und den USA versuchte, nicht nur mit mehreren Sanktionspaketen politischen Druck auf das russische Regime auszuüben, sondern durch umfangreiche Waffenlieferungen an die Ukraine deren Verteidigungskraft zu stärken, wurde das zögerliche und von wachsenden internen Dissonanzen geprägte Verhalten der Bundesregierung in der Frage der Waffenlieferungen vor allem in den ersten Kriegsmonaten kritisiert. Es stand nicht nur in der Gefahr, zu einem internationalen Reputationsverlust Deutschlands bei den westlichen Verbündeten zu führen, sondern auch zusehends genau diejenigen sicherheitspolitischen Ziele zu verfehlen, die nach eigenem Bekunden mit der Vereitelung der russischen Annexionspläne eigentlich erreicht werden sollten. Zwar dürfen NATO-Staaten nicht zur direkten Kriegspartei in dem Sinne werden, dass sie selbst mit eigenen personellen Mitteln auf dem Staatsgebiet der Ukraine operieren, doch besteht unabhängig von bündnisbezogenen Beistandsregeln eine moralische Verpflichtung, alles Mögliche zu tun, um das Gewaltopfer in den Grenzen der Verhältnismäßigkeit zur wirksamen Gegenwehr zu ertüchtigen. Das schließt auch die Lieferung sämtlicher Arten sogenannter »schwerer Waffen« ein, wenn nur diese geeignet sind, die legitimen Ziele der Landesverteidigung des Aggressionsopfers zu erreichen. Die bei jeder Waffengattung wiederkehrende Debatte um mögliche »rote Linien« mag – jenseits aller technisch-operativen Fragen – mit Blick auf innerparteiliche Befindlichkeiten politisch verständlich sein, doch dürfte sie sich unter militärstrategischen Gesichtspunkten als kontraproduktiv und als ethisch unnötig erweisen.

---

15 Vgl. Rosenberger, Michael, Reichweite und Stellenwert einer zeitgemäßen Lehre der Cooperatio, in: ders. / Schaupp, Walter (Hg.), Ein Pakt mit dem Bösen? Die moraltheologische Lehre der »cooperatio ad malum« und ihre Bedeutung heute, Münster 2015, 77-89, hier 81.

Sollte es aufgrund der anfänglich allzu zögerlichen und nach fast dreijähriger Kriegsdauer allmählich nachlassenden Unterstützung des Westens nicht mehr gelingen, das russische Regime unter Putin durch massive militärische Gegenwehr zur dauerhaften Aufgabe seiner Annexionspläne zu bewegen und die russisch besetzten Gebiete zeitnah zurückzuerobern, hätte das nicht nur fatale Folgen für die Option, die aktuelle militärische Konfrontation möglichst rasch auf dem Verhandlungsweg mit einem auch völkerrechtlich akzeptablen Ergebnis zu beenden, es würde Russland auch zu weiteren militärischen Abenteuern in anderen »abtrünnigen Sowjetrepubliken« motivieren und damit die globale Sicherheitslage insgesamt weiter destabilisieren.

Danksagung

Mein Dank gilt Dr. Andreas Jacobs und Tim Peters für ihre Ratschläge in der Genese des vorliegenden Buches sowie Selma Spinner und Dr. Jon Dannemann für ihr Lektorat. Außerdem bin ich Herrn Christian Schön vom *ibidem*-Verlag für seine Geduld und gute Zusammenarbeit dankbar.

Zu den Beiträgerinnen und Beiträgern

Franz-Josef Bormann
Prof. Dr. Franz-Josef Bormann studierte Philosophie und katholische Theologie in Frankfurt, München und Rom. Seit 2008 ist er Professor für Moraltheologie an der Kath.-Theologischen Fakultät der Universität Tübingen. Von 2005-2008 hatte er eine Professur für Ethik und Moraltheologie in Paderborn inne. Von 2026-2024 war er Mitglied des Deutschen Ethikrats (DER). Zu seinen Buchpublikationen gehören »Natur als Horizont sittlicher Praxis« (1999), »Soziale Gerechtigkeit zwischen Fairness und Partizipation« (2006), »Gewissen« (2014), »Lebensbeendende Handlungen« (2017), »Tod und Sterben« (2023). Seine Artikel wurden u.a. in den Zeitschriften »Theologie und Philosophie«, »Theologische Quartalschrift«, »Communio«, »Zeitschrift für medizinische Ethik«, »Stimmen der Zeit« und »Die politische Meinung« veröffentlicht.

Thomas Bremer
Prof. i.R. Dr. Thomas Bremer, Studium der katholischen Theologie, Slavistik und Klassischen Philologie in München, Belgrad und Münster. Von 1999 bis 2022 war er Professor für Ökumenik, Ostkirchenkunde und Friedensforschung an der Katholisch-Theologischen Fakultät der Universität Münster. Nach der Promotion 1990 in Münster war er dort Wissenschaftlicher Assistent und von 1995 bis 1999 Geschäftsführer der Deutschen Gesellschaft für Osteuropakunde. Zu Bremers wichtigsten Veröffentlichungen zählen »Kreuz und Kreml. Geschichte der orthodoxen Kirche in Russland« (2007; 2016) »Churches in the Ukrainian Crisis« (hg., 2017), »Orthodoxy in Two Manifestations? The Conflict in Ukraine as Expression of a Fault Line in World Orthodoxy« (hg., 2022).

Regina Elsner
Prof. Dr. Regina Elsner studierte Katholische Theologie in Berlin und Münster. Seit 2024 ist sie Professorin für Ostkirchenkunde und Ökumenik am Ökumenischen Institut der Katholisch-Theologi-

schen Fakultät in Münster. Zuvor arbeitete Elsner u.a. als Wissenschaftliche Mitarbeiterin am Zentrum für Osteuropa- und internationale Studien ZOiS in Berlin sowie als Projektkoordinatorin für die Caritas Russland in St. Petersburg. Elsner ist Co-Sprecherin der Fachgruppe Religion der Deutschen Gesellschaft für Osteuropakunde DGO e.V., Beraterin der Ökumenekommission der Deutschen Bischofskonferenz und Mitglied der deutschen Kommission Justitia et Pax. Zuletzt erschien von ihr »The Russian Orthodox Church and Modernity. A Historical and Theological Investigation into Eastern Christianity between Unity and Plurality« (2021). Ihre Veröffentlichungen wurden unter anderem in »Religion, State and Society«, »Nationalities Papers«, »Osteuropa«, »Review of Faith and International Affairs« und »European Theology Studies« sowie zahlreichen Sammelbänden veröffentlicht.

Pinchas Goldschmidt
Oberrabbiner Pinchas Goldschmidt studierte an der Ponevezh Yeshiva, der Telshe Yeshiva, Chicago, dem Shevet Umechokek Institute for Rabbinical Judges, sowie dem Harry Fischel Institute for Talmudic Research, Jerusalem, Israel und ist ordinierter Rabbiner. Neben seiner rabbinischen Ordination besitzt Goldschmidt einen M.A. des Ner Israel Rabbinical College und einen M.S. der Johns-Hopkins-Universität, beide in Baltimore. 2002 wurde Goldschmidt vom Oberrabbinat von Israel die Qualifikation für die Position eines Oberrabbiners in jeder israelischen Stadt bescheinigt. Seit 2011 ist er der Präsident der Europäischen Rabbinerkonferenz. Im Frühjahr 2009 war Goldschmidt Gastwissenschaftler am Davis Center for Russian and Eurasian Studies der Universität Harvard. Seit 2024 ist Oberrabbiner Goldschmidt Gastprofessor an der TUM München. Goldschmidt verfasst religionsrechtliche Beiträge zum postsowjetischen Judentum und nimmt in der Presse und vor internationalen Einrichtungen wie dem Senat der Vereinigten Staaten, dem Europäischen Parlament, dem Europarat, der Knesset, der Neeman Commission von Premierminister Benjamin Netanjahu, der Universität Oxford, der Berliner Antisemitismus-Konferenz der OSZE oder der Universität Harvard Stellung zu aktuellen Themen, zu-

meist zum Zustand der Jüdischen Gemeinde und zu den Bedrohungen durch den Antisemitismus. Zu seinen früheren Büchern gehören »Communitati et Orbi – To the Community and to the World« (2017), in deutscher Übersetzung »An die Gemeinschaft und an die Welt« (2018).

Oleksandr Geychenko
Dr. Oleksandr Geychenko studierte Theologie an der Universität von St. Andrews, Großbritannien. Seit 2018 ist er der Rektor des Theologischen Seminars von Odesa in Ukraine, und Mitglied des Redaktionsausschusses der vom Eastern European Institute of Theology herausgegebenen Reihe »Contemporary Protestant Thought«. Zuvor hatte Geychenko das Amt des Vizepräsidenten der Euro-Asian Accrediting Association inne. Geychenko ist Mitglied des Ausschusses für Theologie und Bildung der Europäischen Baptistischen Föderation. Er ist der Autor von »Brotherhood in Christ: Towards a Ukrainian Baptist Perspective on Associations of Churches« (2024). Seine Artikel wurden unter anderem im »International Journal of Public Theology« und im »Baptist Quarterly« veröffentlicht.

Andreas Heinemann-Grüder
Prof. Dr. Andreas Heinemann-Grüder studierte Geschichte, Politikwissenschaft und deutsche Literatur an der FU Berlin und absolvierte nahm an einem Doktorandenprogramm an der Lomonossow Universität Moskau teil. Er lehrt seit 2006 Politikwissenschaft an der Universität Bonn und ist Senior Fellow am dortigen CASSIS sowie am Global Public Policy Institute in Berlin. Zu seinen früheren Stationen gehören das Berghof Institute Berlin (1989-92), die Humboldt Universität Berlin (1993-95), die Duke University (1995), die University of Pennsylvania (1996-99), die Universität zu Köln (2002-2005) sowie das Bonn International Centre for Conflict Studies (1999-2024). Zu seinen jüngsten Publikationen gehört »Who are the Fighters? Irregular Armed Groups in the Russia-Ukrainian War since 2014« (hg., 2024), »Lehren aus dem Ukrainekonflikt. Krisen vorbeugen, Gewalt verhindern« (hg. zusammen mit Claudia Crawford, Tim B. Peters, 2022) und »Osteuropa zwischen Mauerfall

und Ukrainekrieg. Besichtigung einer Epoche« (zusammen mit Angelika Nußberger, Martin Aust, Ulrich Schmid, 2022).

Andreas Jacobs
Dr. Andreas Jacobs studierte Politikwissenschaft, Islamwissenschaft und Germanistik in Köln, Tunis und Kairo. Seit 2024 ist er Stellvertretender Leiter der Hauptabteilung Analyse und Beratung in der Konrad-Adenauer-Stiftung in Berlin. Gleichzeitig leitet er hier die Abteilung Gesellschaftlicher Zusammenhalt. Zwischen 2013 und 2017 war er als Research Advisor am NATO Defense College in Rom tätig. Von 2007 bis 2012 leitete der das Büro der Konrad-Adenauer-Stiftung in Kairo, Ägypten. Andreas Jacobs ist Gründungsmitglied der Experteninitiative Religionspolitik (EIR) und Mitglied des Beirats der Evangelischen Zentralstätte für Weltanschauungsfragen (EZW). Er hat zahlreiche Publikationen zu den Themen Islam, Religionspolitik, Nahost und Sicherheitspolitik vorgelegt.

Johannes Oeldemann
Dr. Johannes Oeldemann studierte Katholische Theologie und Slawistik an den Universitäten Münster und Tübingen. Seit 2001 ist er Direktor am Johann-Adam-Möhler-Institut für Ökumenik in Paderborn. Zuvor war er als Wissenschaftlicher Mitarbeiter am Ökumenischen Institut der Katholisch-Theologischen Fakultät in Münster und als Referent bei »Renovabis«, der Solidaritätsaktion der deutschen Katholiken mit den Menschen in Mittel- und Osteuropa, in Freising tätig. Dr. Oeldemann ist Mitglied der Kommission für Glauben und Kirchenverfassung des Ökumenischen Rates der Kirchen, Berater der Ökumenekommission der Deutschen Bischofskonferenz und Mitglied mehrerer orthodox-katholischer Dialogkommissionen auf nationaler und internationaler Ebene. Zu seinen Publikationen zählen ein in mehrfacher Auflage erschienenes Buch über »Die Kirchen des christlichen Ostens«, eine Einführung in die ökumenische Theologie und eine Konfessionskunde. Artikel von ihm erschienen u.a. in: »Herder Korrespondenz«, »Stimmen der

Zeit«, »Ökumenische Rundschau«, »Ostkirchliche Studien«, »Catholica«, »Communio«, »Orthodoxes Forum« und der Online-Zeitschrift »Religions«.

Ludwig Ring-Eifel
Ludwig Ring-Eifel studierte Philosophie, Theologie, Vergleichende Religionswissenschaften, Altphilologie und Öffentliches Recht in Trier, Santa Barbara und Mainz. Seit 2022 ist er Chefkorrespondent der Nachrichtenagentur KNA und leitet das deutschsprachige Korrespondentenbüro CIC in Rom. Zuvor war er von 2005 bis 2022 Chefredakteur der KNA. Zu seinen früheren Büchern gehören »Weltmacht Vatikan« (2004) und »Johannes Paul II.« (2005).

Joshua T. Searle
Prof. Dr. Joshua T. Searle studierte Geschichte an der Universität Oxford und promovierte am Trinity College Dublin. Er ist Professor für Missionswissenschaft und interkulturelle Theologie an der Theologischen Hochschule Elstal bei Berlin, sowie ordinierter Pastor des BEFG. Zuvor war Searle Director of Postgraduate Studies am Spurgeon's College in London. Er ist Mitglied der Royal Historical Society und der Higher Education Academy und fungiert als Gründungs-Mitglied des Vorstands von Dnipro Hope Mission. Zu seinen früheren Büchern gehören: »Theology After Christendom: Forming Prophets for a Post-Christian World« (2018), »A Future and a Hope: Mission, Theological Formation and the Transformation of Post-Soviet Society« (2014), »The Scarlet Woman and the Red Hand: Apocalyptic Belief in the Northern Ireland Troubles« (2014). Seine Veröffentlichungen sind unter anderem bei »Oxford University Press«, »Baylor University Press«, »International Journal of Public Theology« und »European Journal of Theology« erschienen.

Vladyslav Zaiets
Vladyslav Zaiets studierte Rechtswissenschaften an der Kiewer Universität für Recht der Nationalen Akademie der Wissenschaften der Ukraine. Seit 2022 ist dort Doktorand für Zivilrecht. Zu seinen früheren Arbeiten gehören die zivilrechtlichen Beschränkungen

der Menschenrechte und Freiheiten in Kriegszeiten und seine Artikel »Types of Human Rights Limitations in the Context of Information Rights during Martial Law« (2024) und »Civil Law Protection of Personal Data in Martial Law Conditions: Ukrainian and International Experience« (2024). Er ist außerdem Forschungsstipendiat am Institut für Religionsfreiheit. Zaiets engagiert sich aktiv in der Freiwilligenarbeit, um die Menschenrechte in Konfliktzeiten zu unterstützen.

SOVIET AND POST-SOVIET POLITICS AND SOCIETY
Edited by Dr. Andreas Umland | ISSN 1614-3515

1   Андреас Умланд (ред.) | Воплощение Европейской конвенции по правам человека в России. Философские, юридические и эмпирические исследования | ISBN 3-89821-387-0

2   Christian Wipperfürth | Russland – ein vertrauenswürdiger Partner? Grundlagen, Hintergründe und Praxis gegenwärtiger russischer Außenpolitik | Mit einem Vorwort von Heinz Timmermann | ISBN 3-89821-401-X

3   Manja Hussner | Die Übernahme internationalen Rechts in die russische und deutsche Rechtsordnung. Eine vergleichende Analyse zur Völkerrechtsfreundlichkeit der Verfassungen der Russländischen Föderation und der Bundesrepublik Deutschland | Mit einem Vorwort von Rainer Arnold | ISBN 3-89821-438-9

4   Matthew Tejada | Bulgaria's Democratic Consolidation and the Kozloduy Nuclear Power Plant (KNPP). The Unattainability of Closure | With a foreword by Richard J. Crampton | ISBN 3-89821-439-7

5   Марк Григорьевич Меерович | Квадратные метры, определяющие сознание. Государственная жилищная политика в СССР. 1921 – 1941 гг | ISBN 3-89821-474-5

6   Andrei P. Tsygankov, Pavel A.Tsygankov (Eds.) | New Directions in Russian International Studies | ISBN 3-89821-422-2

7   Марк Григорьевич Меерович | Как власть народ к труду приучала. Жилище в СССР – средство управления людьми. 1917 – 1941 гг. | С предисловием Елены Осокиной | ISBN 3-89821-495-8

8   David J. Galbreath | Nation-Building and Minority Politics in Post-Socialist States. Interests, Influence and Identities in Estonia and Latvia | With a foreword by David J. Smith | ISBN 3-89821-467-2

9   Алексей Юрьевич Безугольный | Народы Кавказа в Вооруженных силах СССР в годы Великой Отечественной войны 1941-1945 гг. | С предисловием Николая Бугая | ISBN 3-89821-475-3

10 Вячеслав Лихачев и Владимир Прибыловский (ред.) | Русское Национальное Единство, 1990-2000. В 2-х томах | ISBN 3-89821-523-7

11 Николай Бугай (ред.) | Народы стран Балтии в условиях сталинизма (1940-е – 1950-е годы). Документированная история | ISBN 3-89821-525-3

12 Ingmar Bredies (Hrsg.) | Zur Anatomie der Orange Revolution in der Ukraine. Wechsel des Elitenregimes oder Triumph des Parlamentarismus? | ISBN 3-89821-524-5

13 Anastasia V. Mitrofanova | The Politicization of Russian Orthodoxy. Actors and Ideas | With a foreword by William C. Gay | ISBN 3-89821-481-8

14 Nathan D. Larson | Alexander Solzhenitsyn and the Russo-Jewish Question | ISBN 3-89821-483-4

15 Guido Houben | Kulturpolitik und Ethnizität. Staatliche Kunstförderung im Russland der neunziger Jahre | Mit einem Vorwort von Gert Weisskirchen | ISBN 3-89821-542-3

16 Leonid Luks | Der russische „Sonderweg"? Aufsätze zur neuesten Geschichte Russlands im europäischen Kontext | ISBN 3-89821-496-6

17 Евгений Мороз | История «Мёртвой воды» – от страшной сказки к большой политике. Политическое неоязычество в постсоветской России | ISBN 3-89821-551-2

18 Александр Верховский и Галина Кожевникова (ред.) | Этническая и религиозная интолерантность в российских СМИ. Результаты мониторинга 2001-2004 гг. | ISBN 3-89821-569-5

19 Christian Ganzer | Sowjetisches Erbe und ukrainische Nation. Das Museum der Geschichte des Zaporoger Kosakentums auf der Insel Chortycja | Mit einem Vorwort von Frank Golczewski | ISBN 3-89821-504-0

20 Эльза-Баир Гучинова | Помнить нельзя забыть. Антропология депортационной травмы калмыков | С предисловием Кэролайн Хамфри | ISBN 3-89821-506-7

21 Юлия Лидерман | Мотивы «проверки» и «испытания» в постсоветской культуре. Советское прошлое в российском кинематографе 1990-х годов | С предисловием Евгения Марголита | ISBN 3-89821-511-3

22 Tanya Lokshina, Ray Thomas, Mary Mayer (Eds.) | The Imposition of a Fake Political Settlement in the Northern Caucasus. The 2003 Chechen Presidential Election | ISBN 3-89821-436-2

23 Timothy McCajor Hall, Rosie Read (Eds.) | Changes in the Heart of Europe. Recent Ethnographies of Czechs, Slovaks, Roma, and Sorbs | With an afterword by Zdeněk Salzmann | ISBN 3-89821-606-5

24 *Christian Autengruber* | Die politischen Parteien in Bulgarien und Rumänien. Eine vergleichende Analyse seit Beginn der 90er Jahre | Mit einem Vorwort von Dorothée de Nève | ISBN 3-89821-476-1

25 *Annette Freyberg-Inan with Radu Cristescu* | The Ghosts in Our Classrooms, or: John Dewey Meets Ceauşescu. The Promise and the Failures of Civic Education in Romania | ISBN 3-89821-416-8

26 *John B. Dunlop* | The 2002 Dubrovka and 2004 Beslan Hostage Crises. A Critique of Russian Counter-Terrorism | With a foreword by Donald N. Jensen | ISBN 3-89821-608-X

27 *Peter Koller* | Das touristische Potenzial von Kam''janec'–Podil's'kyj. Eine fremdenverkehrsgeographische Untersuchung der Zukunftsperspektiven und Maßnahmenplanung zur Destinationsentwicklung des „ukrainischen Rothenburg" | Mit einem Vorwort von Kristiane Klemm | ISBN 3-89821-640-3

28 *Françoise Daucé, Elisabeth Sieca-Kozlowski (Eds.)* | Dedovshchina in the Post-Soviet Military. Hazing of Russian Army Conscripts in a Comparative Perspective | With a foreword by Dale Herspring | ISBN 3-89821-616-0

29 *Florian Strasser* | Zivilgesellschaftliche Einflüsse auf die Orange Revolution. Die gewaltlose Massenbewegung und die ukrainische Wahlkrise 2004 | Mit einem Vorwort von Egbert Jahn | ISBN 3-89821-648-9

30 *Rebecca S. Katz* | The Georgian Regime Crisis of 2003-2004. A Case Study in Post-Soviet Media Representation of Politics, Crime and Corruption | ISBN 3-89821-413-3

31 *Vladimir Kantor* | Willkür oder Freiheit. Beiträge zur russischen Geschichtsphilosophie | Ediert von Dagmar Herrmann sowie mit einem Vorwort versehen von Leonid Luks | ISBN 3-89821-589-X

32 *Laura A. Victoir* | The Russian Land Estate Today. A Case Study of Cultural Politics in Post-Soviet Russia | With a foreword by Priscilla Roosevelt | ISBN 3-89821-426-5

33 *Ivan Katchanovski* | Cleft Countries. Regional Political Divisions and Cultures in Post-Soviet Ukraine and Moldova | With a foreword by Francis Fukuyama | ISBN 3-89821-558-X

34 *Florian Mühlfried* | Postsowjetische Feiern. Das Georgische Bankett im Wandel | Mit einem Vorwort von Kevin Tuite | ISBN 3-89821-601-2

35 *Roger Griffin, Werner Loh, Andreas Umland (Eds.)* | Fascism Past and Present, West and East. An International Debate on Concepts and Cases in the Comparative Study of the Extreme Right | With an afterword by Walter Laqueur | ISBN 3-89821-674-8

36 *Sebastian Schlegel* | Der „Weiße Archipel". Sowjetische Atomstädte 1945-1991 | Mit einem Geleitwort von Thomas Bohn | ISBN 3-89821-679-9

37 *Vyacheslav Likhachev* | Political Anti-Semitism in Post-Soviet Russia. Actors and Ideas in 1991-2003 | Edited and translated from Russian by Eugene Veklerov | ISBN 3-89821-529-6

38 *Josette Baer (Ed.)* | Preparing Liberty in Central Europe. Political Texts from the Spring of Nations 1848 to the Spring of Prague 1968 | With a foreword by Zdeněk V. David | ISBN 3-89821-546-6

39 *Михаил Лукьянов* | Российский консерватизм и реформа, 1907-1914 | С предисловием Марка Д. Стейнберга | ISBN 3-89821-503-2

40 *Nicola Melloni* | Market Without Economy. The 1998 Russian Financial Crisis | With a foreword by Eiji Furukawa | ISBN 3-89821-407-9

41 *Dmitrij Chmelnizki* | Die Architektur Stalins | Bd. 1: Studien zu Ideologie und Stil | Bd. 2: Bilddokumentation | Mit einem Vorwort von Bruno Flierl | ISBN 3-89821-515-6

42 *Katja Yafimava* | Post-Soviet Russian-Belarussian Relationships. The Role of Gas Transit Pipelines | With a foreword by Jonathan P. Stern | ISBN 3-89821-655-1

43 *Boris Chavkin* | Verflechtungen der deutschen und russischen Zeitgeschichte. Aufsätze und Archivfunde zu den Beziehungen Deutschlands und der Sowjetunion von 1917 bis 1991 | Ediert von Markus Edlinger sowie mit einem Vorwort versehen von Leonid Luks | ISBN 3-89821-756-6

44 *Anastasija Grynenko in Zusammenarbeit mit Claudia Dathe* | Die Terminologie des Gerichtswesens der Ukraine und Deutschlands im Vergleich. Eine übersetzungswissenschaftliche Analyse juristischer Fachbegriffe im Deutschen, Ukrainischen und Russischen | Mit einem Vorwort von Ulrich Hartmann | ISBN 3-89821-691-8

45 *Anton Burkov* | The Impact of the European Convention on Human Rights on Russian Law. Legislation and Application in 1996-2006 | With a foreword by Françoise Hampson | ISBN 978-3-89821-639-5

46 *Stina Torjesen, Indra Overland (Eds.)* | International Election Observers in Post-Soviet Azerbaijan. Geopolitical Pawns or Agents of Change? | ISBN 978-3-89821-743-9

47 *Taras Kuzio* | Ukraine – Crimea – Russia. Triangle of Conflict | ISBN 978-3-89821-761-3

48 *Claudia Šabić* | „Ich erinnere mich nicht, aber L'viv!" Zur Funktion kultureller Faktoren für die Institutionalisierung und Entwicklung einer ukrainischen Region | Mit einem Vorwort von Melanie Tatur | ISBN 978-3-89821-752-1

49 *Marlies Bilz* | Tatarstan in der Transformation. Nationaler Diskurs und Politische Praxis 1988-1994 | Mit einem Vorwort von Frank Golczewski | ISBN 978-3-89821-722-4

50 *Марлен Ларюэль (ред.)* | Современные интерпретации русского национализма | ISBN 978-3-89821-795-8

51 *Sonja Schüler* | Die ethnische Dimension der Armut. Roma im postsozialistischen Rumänien | Mit einem Vorwort von Anton Sterbling | ISBN 978-3-89821-776-7

52 *Галина Кожевникова* | Радикальный национализм в России и противодействие ему. Сборник докладов Центра «Сова» за 2004-2007 гг. | С предисловием Александра Верховского | ISBN 978-3-89821-721-7

53 *Галина Кожевникова и Владимир Прибыловский* | Российская власть в биографиях I. Высшие должностные лица РФ в 2004 г. | ISBN 978-3-89821-796-5

54 *Галина Кожевникова и Владимир Прибыловский* | Российская власть в биографиях II. Члены Правительства РФ в 2004 г. | ISBN 978-3-89821-797-2

55 *Галина Кожевникова и Владимир Прибыловский* | Российская власть в биографиях III. Руководители федеральных служб и агентств РФ в 2004 г.| ISBN 978-3-89821-798-9

56 *Ileana Petroniu* | Privatisierung in Transformationsökonomien. Determinanten der Restrukturierungs-Bereitschaft am Beispiel Polens, Rumäniens und der Ukraine | Mit einem Vorwort von Rainer W. Schäfer | ISBN 978-3-89821-790-3

57 *Christian Wipperfürth* | Russland und seine GUS-Nachbarn. Hintergründe, aktuelle Entwicklungen und Konflikte in einer ressourcenreichen Region| ISBN 978-3-89821-801-6

58 *Togzhan Kassenova* | From Antagonism to Partnership. The Uneasy Path of the U.S.-Russian Cooperative Threat Reduction | With a foreword by Christoph Bluth | ISBN 978-3-89821-707-1

59 *Alexander Höllwerth* | Das sakrale eurasische Imperium des Aleksandr Dugin. Eine Diskursanalyse zum postsowjetischen russischen Rechtsextremismus | Mit einem Vorwort von Dirk Uffelmann | ISBN 978-3-89821-813-9

60 *Олег Рябов* | «Россия-Матушка». Национализм, гендер и война в России XX века | С предисловием Елены Гощило | ISBN 978-3-89821-487-2

61 *Ivan Maistrenko* | Boroťbism. A Chapter in the History of the Ukrainian Revolution | With a new Introduction by Chris Ford | Translated by George S. N. Luckyj with the assistance of Ivan L. Rudnytsky | Second, Revised and Expanded Edition ISBN 978-3-8382-1107-7

62 *Maryna Romanets* | Anamorphosic Texts and Reconfigured Visions. Improvised Traditions in Contemporary Ukrainian and Irish Literature | ISBN 978-3-89821-576-3

63 *Paul D'Anieri and Taras Kuzio (Eds.)* | Aspects of the Orange Revolution I. Democratization and Elections in Post-Communist Ukraine | ISBN 978-3-89821-698-2

64 *Bohdan Harasymiw in collaboration with Oleh S. Ilnytzkyj (Eds.)* | Aspects of the Orange Revolution II. Information and Manipulation Strategies in the 2004 Ukrainian Presidential Elections | ISBN 978-3-89821-699-9

65 *Ingmar Bredies, Andreas Umland and Valentin Yakushik (Eds.)* | Aspects of the Orange Revolution III. The Context and Dynamics of the 2004 Ukrainian Presidential Elections | ISBN 978-3-89821-803-0

66 *Ingmar Bredies, Andreas Umland and Valentin Yakushik (Eds.)* | Aspects of the Orange Revolution IV. Foreign Assistance and Civic Action in the 2004 Ukrainian Presidential Elections | ISBN 978-3-89821-808-5

67 *Ingmar Bredies, Andreas Umland and Valentin Yakushik (Eds.)* | Aspects of the Orange Revolution V. Institutional Observation Reports on the 2004 Ukrainian Presidential Elections | ISBN 978-3-89821-809-2

68 *Taras Kuzio (Ed.)* | Aspects of the Orange Revolution VI. Post-Communist Democratic Revolutions in Comparative Perspective | ISBN 978-3-89821-820-7

69 *Tim Bohse* | Autoritarismus statt Selbstverwaltung. Die Transformation der kommunalen Politik in der Stadt Kaliningrad 1990-2005 | Mit einem Geleitwort von Stefan Troebst | ISBN 978-3-89821-782-8

70 *David Rupp* | Die Rußländische Föderation und die russischsprachige Minderheit in Lettland. Eine Fallstudie zur Anwaltspolitik Moskaus gegenüber den russophonen Minderheiten im „Nahen Ausland" von 1991 bis 2002 | Mit einem Vorwort von Helmut Wagner | ISBN 978-3-89821-778-1

71 *Taras Kuzio* | Theoretical and Comparative Perspectives on Nationalism. New Directions in Cross-Cultural and Post-Communist Studies | With a foreword by Paul Robert Magocsi | ISBN 978-3-89821-815-7

72 *Christine Teichmann* | Die Hochschultransformation im heutigen Osteuropa. Kontinuität und Wandel bei der Entwicklung des postkommunistischen Universitätswesens | Mit einem Vorwort von Oskar Anweiler | ISBN 978-3-89821-842-9

73 *Julia Kusznir* | Der politische Einfluss von Wirtschaftseliten in russischen Regionen. Eine Analyse am Beispiel der Erdöl- und Erdgasindustrie, 1992-2005 | Mit einem Vorwort von Wolfgang Eichwede | ISBN 978-3-89821-821-4

74 *Alena Vysotskaya* | Russland, Belarus und die EU-Osterweiterung. Zur Minderheitenfrage und zum Problem der Freizügigkeit des Personenverkehrs | Mit einem Vorwort von Katlijn Malfliet | ISBN 978-3-89821-822-1

75 *Heiko Pleines (Hrsg.)* | Corporate Governance in post-sozialistischen Volkswirtschaften | ISBN 978-3-89821-766-8

76 *Stefan Ihrig* | Wer sind die Moldawier? Rumänismus versus Moldowanismus in Historiographie und Schulbüchern der Republik Moldova, 1991-2006 | Mit einem Vorwort von Holm Sundhaussen | ISBN 978-3-89821-466-7

77 *Galina Kozhevnikova in collaboration with Alexander Verkhovsky and Eugene Veklerov* | Ultra-Nationalism and Hate Crimes in Contemporary Russia. The 2004-2006 Annual Reports of Moscow's SOVA Center | With a foreword by Stephen D. Shenfield | ISBN 978-3-89821-868-9

78 *Florian Küchler* | The Role of the European Union in Moldova's Transnistria Conflict | With a foreword by Christopher Hill | ISBN 978-3-89821-850-4

79 *Bernd Rechel* | The Long Way Back to Europe. Minority Protection in Bulgaria | With a foreword by Richard Crampton | ISBN 978-3-89821-863-4

80 *Peter W. Rodgers* | Nation, Region and History in Post-Communist Transitions. Identity Politics in Ukraine, 1991-2006 | With a foreword by Vera Tolz | ISBN 978-3-89821-903-7

81 *Stephanie Solywoda* | The Life and Work of Semen L. Frank. A Study of Russian Religious Philosophy | With a foreword by Philip Walters | ISBN 978-3-89821-457-5

82 *Vera Sokolova* | Cultural Politics of Ethnicity. Discourses on Roma in Communist Czechoslovakia | ISBN 978-3-89821-864-1

83 *Natalya Shevchik Ketenci* | Kazakhstani Enterprises in Transition. The Role of Historical Regional Development in Kazakhstan's Post-Soviet Economic Transformation | ISBN 978-3-89821-831-3

84 *Martin Malek, Anna Schor-Tschudnowskaja (Hgg.)* | Europa im Tschetschenienkrieg. Zwischen politischer Ohnmacht und Gleichgültigkeit | Mit einem Vorwort von Lipchan Basajewa | ISBN 978-3-89821-676-0

85 *Stefan Meister* | Das postsowjetische Universitätswesen zwischen nationalem und internationalem Wandel. Die Entwicklung der regionalen Hochschule in Russland als Gradmesser der Systemtransformation | Mit einem Vorwort von Joan DeBardeleben | ISBN 978-3-89821-891-7

86 *Konstantin Sheiko in collaboration with Stephen Brown* | Nationalist Imaginings of the Russian Past. Anatolii Fomenko and the Rise of Alternative History in Post-Communist Russia | With a foreword by Donald Ostrowski | ISBN 978-3-89821-915-0

87 *Sabine Jenni* | Wie stark ist das „Einige Russland"? Zur Parteibindung der Eliten und zum Wahlerfolg der Machtpartei im Dezember 2007 | Mit einem Vorwort von Klaus Armingeon | ISBN 978-3-89821-961-7

88 *Thomas Borén* | Meeting-Places of Transformation. Urban Identity, Spatial Representations and Local Politics in Post-Soviet St Petersburg | ISBN 978-3-89821-739-2

89 *Aygul Ashirova* | Stalinismus und Stalin-Kult in Zentralasien. Turkmenistan 1924-1953 | Mit einem Vorwort von Leonid Luks | ISBN 978-3-89821-987-7

90 *Leonid Luks* | Freiheit oder imperiale Größe? Essays zu einem russischen Dilemma | ISBN 978-3-8382-0011-8

91 *Christopher Gilley* | The 'Change of Signposts' in the Ukrainian Emigration. A Contribution to the History of Sovietophilism in the 1920s | With a foreword by Frank Golczewski | ISBN 978-3-89821-965-5

92 *Philipp Casula, Jeronim Perovic (Eds.)* | Identities and Politics During the Putin Presidency. The Discursive Foundations of Russia's Stability | With a foreword by Heiko Haumann | ISBN 978-3-8382-0015-6

93 *Marcel Viëtor* | Europa und die Frage nach seinen Grenzen im Osten. Zur Konstruktion ‚europäischer Identität' in Geschichte und Gegenwart | Mit einem Vorwort von Albrecht Lehmann | ISBN 978-3-8382-0045-3

94 *Ben Hellman, Andrei Rogachevskii* | Filming the Unfilmable. Casper Wrede's 'One Day in the Life of Ivan Denisovich' | Second, Revised and Expanded Edition | ISBN 978-3-8382-0044-6

95 *Eva Fuchslocher* | Vaterland, Sprache, Glaube. Orthodoxie und Nationenbildung am Beispiel Georgiens | Mit einem Vorwort von Christina von Braun | ISBN 978-3-89821-884-9

96 *Vladimir Kantor* | Das Westlertum und der Weg Russlands. Zur Entwicklung der russischen Literatur und Philosophie | Ediert von Dagmar Herrmann | Mit einem Beitrag von Nikolaus Lobkowicz | ISBN 978-3-8382-0102-3

97 *Kamran Musayev* | Die postsowjetische Transformation im Baltikum und Südkaukasus. Eine vergleichende Untersuchung der politischen Entwicklung Lettlands und Aserbaidschans 1985-2009 | Mit einem Vorwort von Leonid Luks | Ediert von Sandro Henschel | ISBN 978-3-8382-0103-0

98 *Tatiana Zhurzhenko* | Borderlands into Bordered Lands. Geopolitics of Identity in Post-Soviet Ukraine | With a foreword by Dieter Segert | ISBN 978-3-8382-0042-2

99 *Кирилл Галушко, Лидия Смола (ред.)* | Пределы падения – варианты украинского будущего. Аналитико-прогностические исследования | ISBN 978-3-8382-0148-1

100 *Michael Minkenberg (Ed.)* | Historical Legacies and the Radical Right in Post-Cold War Central and Eastern Europe | With an afterword by Sabrina P. Ramet | ISBN 978-3-8382-0124-5

101 *David-Emil Wickström* | Rocking St. Petersburg. Transcultural Flows and Identity Politics in the St. Petersburg Popular Music Scene | With a foreword by Yngvar B. Steinholt | Second, Revised and Expanded Edition | ISBN 978-3-8382-0100-9

102 *Eva Zabka* | Eine neue „Zeit der Wirren"? Der spät- und postsowjetische Systemwandel 1985-2000 im Spiegel russischer gesellschaftspolitischer Diskurse | Mit einem Vorwort von Margareta Mommsen | ISBN 978-3-8382-0161-0

103 *Ulrike Ziemer* | Ethnic Belonging, Gender and Cultural Practices. Youth Identitites in Contemporary Russia | With a foreword by Anoop Nayak | ISBN 978-3-8382-0152-8

104 *Ksenia Chepikova* | ‚Einiges Russland' - eine zweite KPdSU? Aspekte der Identitätskonstruktion einer postsowjetischen „Partei der Macht" | Mit einem Vorwort von Torsten Oppelland | ISBN 978-3-8382-0311-9

105 *Леонид Люкс* | Западничество или евразийство? Демократия или идеократия? Сборник статей об исторических дилеммах России | С предисловием Владимира Кантора | ISBN 978-3-8382-0211-2

106 *Anna Dost* | Das russische Verfassungsrecht auf dem Weg zum Föderalismus und zurück. Zum Konflikt von Rechtsnormen und -wirklichkeit in der Russländischen Föderation von 1991 bis 2009 | Mit einem Vorwort von Alexander Blankenagel | ISBN 978-3-8382-0292-1

107 *Philipp Herzog* | Sozialistische Völkerfreundschaft, nationaler Widerstand oder harmloser Zeitvertreib? Zur politischen Funktion der Volkskunst im sowjetischen Estland | Mit einem Vorwort von Andreas Kappeler | ISBN 978-3-8382-0216-7

108 *Marlène Laruelle (Ed.)* | Russian Nationalism, Foreign Policy, and Identity Debates in Putin's Russia. New Ideological Patterns after the Orange Revolution | ISBN 978-3-8382-0325-6

109 *Michail Logvinov* | Russlands Kampf gegen den internationalen Terrorismus. Eine kritische Bestandsaufnahme des Bekämpfungsansatzes | Mit einem Geleitwort von Hans-Henning Schröder und einem Vorwort von Eckhard Jesse | ISBN 978-3-8382-0329-4

110 *John B. Dunlop* | The Moscow Bombings of September 1999. Examinations of Russian Terrorist Attacks at the Onset of Vladimir Putin's Rule | Second, Revised and Expanded Edition | ISBN 978-3-8382-0388-1

111 *Андрей А. Ковалёв* | Свидетельство из-за кулис российской политики I. Можно ли делать добро из зла? (Воспоминания и размышления о последних советских и первых послесоветских годах) | With a foreword by Peter Reddaway | ISBN 978-3-8382-0302-7

112 *Андрей А. Ковалёв* | Свидетельство из-за кулис российской политики II. Угроза для себя и окружающих (Наблюдения и предостережения относительно происходящего после 2000 г.) | ISBN 978-3-8382-0303-4

113 *Bernd Kappenberg* | Zeichen setzen für Europa. Der Gebrauch europäischer lateinischer Sonderzeichen in der deutschen Öffentlichkeit | Mit einem Vorwort von Peter Schlobinski | ISBN 978-3-89821-749-1

114 *Ivo Mijnssen* | The Quest for an Ideal Youth in Putin's Russia I. Back to Our Future! History, Modernity, and Patriotism according to Nashi, 2005-2013 | With a foreword by Jeronim Perović | Second, Revised and Expanded Edition | ISBN 978-3-8382-0368-3

115 *Jussi Lassila* | The Quest for an Ideal Youth in Putin's Russia II. The Search for Distinctive Conformism in the Political Communication of Nashi, 2005-2009 | With a foreword by Kirill Postoutenko | Second, Revised and Expanded Edition | ISBN 978-3-8382-0415-4

116 *Valerio Trabandt* | Neue Nachbarn, gute Nachbarschaft? Die EU als internationaler Akteur am Beispiel ihrer Demokratieförderung in Belarus und der Ukraine 2004-2009 | Mit einem Vorwort von Jutta Joachim | ISBN 978-3-8382-0437-6

117 *Fabian Pfeiffer* | Estlands Außen- und Sicherheitspolitik I. Der estnische Atlantizismus nach der wiedererlangten Unabhängigkeit 1991-2004 | Mit einem Vorwort von Helmut Hubel | ISBN 978-3-8382-0127-6

118 *Jana Podßuweit* | Estlands Außen- und Sicherheitspolitik II. Handlungsoptionen eines Kleinstaates im Rahmen seiner EU-Mitgliedschaft (2004-2008) | Mit einem Vorwort von Helmut Hubel | ISBN 978-3-8382-0440-6

119 *Karin Pointner* | Estlands Außen- und Sicherheitspolitik III. Eine gedächtnispolitische Analyse estnischer Entwicklungskooperation 2006-2010 | Mit einem Vorwort von Karin Liebhart | ISBN 978-3-8382-0435-2

120 *Ruslana Vovk* | Die Offenheit der ukrainischen Verfassung für das Völkerrecht und die europäische Integration | Mit einem Vorwort von Alexander Blankenagel | ISBN 978-3-8382-0481-9

121 *Mykhaylo Banakh* | Die Relevanz der Zivilgesellschaft bei den postkommunistischen Transformationsprozessen in mittel- und osteuropäischen Ländern. Das Beispiel der spät- und postsowjetischen Ukraine 1986-2009 | Mit einem Vorwort von Gerhard Simon | ISBN 978-3-8382-0499-4

122 *Michael Moser* | Language Policy and the Discourse on Languages in Ukraine under President Viktor Yanukovych (25 February 2010–28 October 2012) | ISBN 978-3-8382-0497-0 (Paperback edition) | ISBN 978-3-8382-0507-6 (Hardcover edition)

123 *Nicole Krome* | Russischer Netzwerkkapitalismus Restrukturierungsprozesse in der Russischen Föderation am Beispiel des Luftfahrtunternehmens „Aviastar" | Mit einem Vorwort von Petra Stykow | ISBN 978-3-8382-0534-2

124 *David R. Marples* | 'Our Glorious Past'. Lukashenka's Belarus and the Great Patriotic War | ISBN 978-3-8382-0574-8 (Paperback edition) | ISBN 978-3-8382-0675-2 (Hardcover edition)

125 *Ulf Walther* | Russlands „neuer Adel". Die Macht des Geheimdienstes von Gorbatschow bis Putin | Mit einem Vorwort von Hans-Georg Wieck | ISBN 978-3-8382-0584-7

126 *Simon Geissbühler (Hrsg.)* | Kiew – Revolution 3.0. Der Euromaidan 2013/14 und die Zukunftsperspektiven der Ukraine | ISBN 978-3-8382-0581-6 (Paperback edition) | ISBN 978-3-8382-0681-3 (Hardcover edition)

127 *Andrey Makarychev* | Russia and the EU in a Multipolar World. Discourses, Identities, Norms | With a foreword by Klaus Segbers | ISBN 978-3-8382-0629-5

128 *Roland Scharff* | Kasachstan als postsowjetischer Wohlfahrtsstaat. Die Transformation des sozialen Schutzsystems | Mit einem Vorwort von Joachim Ahrens | ISBN 978-3-8382-0622-6

129 *Katja Grupp* | Bild Lücke Deutschland. Kaliningrader Studierende sprechen über Deutschland | Mit einem Vorwort von Martin Schulz | ISBN 978-3-8382-0552-6

130 *Konstantin Sheiko, Stephen Brown* | History as Therapy. Alternative History and Nationalist Imaginings in Russia, 1991-2014 | ISBN 978-3-8382-0665-3

131 *Elisa Kriza* | Alexander Solzhenitsyn: Cold War Icon, Gulag Author, Russian Nationalist? A Study of the Western Reception of his Literary Writings, Historical Interpretations, and Political Ideas | With a foreword by Andrei Rogatchevski | ISBN 978-3-8382-0589-2 (Paperback edition) | ISBN 978-3-8382-0690-5 (Hardcover edition)

132 *Serghei Golunov* | The Elephant in the Room. Corruption and Cheating in Russian Universities | ISBN 978-3-8382-0570-0

133 *Manja Hussner, Rainer Arnold (Hgg.)* | Verfassungsgerichtsbarkeit in Zentralasien I. Sammlung von Verfassungstexten | ISBN 978-3-8382-0595-3

134 *Nikolay Mitrokhin* | Die „Russische Partei". Die Bewegung der russischen Nationalisten in der UdSSR 1953-1985 | Aus dem Russischen übertragen von einem Übersetzerteam unter der Leitung von Larisa Schippel | ISBN 978-3-8382-0024-8

135 *Manja Hussner, Rainer Arnold (Hgg.)* | Verfassungsgerichtsbarkeit in Zentralasien II. Sammlung von Verfassungstexten | ISBN 978-3-8382-0597-7

136 *Manfred Zeller* | Das sowjetische Fieber. Fußballfans im poststalinistischen Vielvölkerreich | Mit einem Vorwort von Nikolaus Katzer | ISBN 978-3-8382-0757-5

137 *Kristin Schreiter* | Stellung und Entwicklungspotential zivilgesellschaftlicher Gruppen in Russland. Menschenrechtsorganisationen im Vergleich | ISBN 978-3-8382-0673-8

138 *David R. Marples, Frederick V. Mills (Eds.)* | Ukraine's Euromaidan. Analyses of a Civil Revolution | ISBN 978-3-8382-0660-8

139 *Bernd Kappenberg* | Setting Signs for Europe. Why Diacritics Matter for European Integration | With a foreword by Peter Schlobinski | ISBN 978-3-8382-0663-9

140 *René Lenz* | Internationalisierung, Kooperation und Transfer. Externe bildungspolitische Akteure in der Russischen Föderation | Mit einem Vorwort von Frank Ettrich | ISBN 978-3-8382-0751-3

141 *Juri Plusnin, Yana Zausaeva, Natalia Zhidkevich, Artemy Pozanenko* | Wandering Workers. Mores, Behavior, Way of Life, and Political Status of Domestic Russian Labor Migrants | Translated by Julia Kazantseva | ISBN 978-3-8382-0653-0

142 *David J. Smith (Eds.)* | Latvia – A Work in Progress? 100 Years of State- and Nation-Building | ISBN 978-3-8382-0648-6

143 *Инна Чувычкина (ред.)* | Экспортные нефте- и газопроводы на постсоветском пространстве. Анализ трубопроводной политики в свете теории международных отношений | ISBN 978-3-8382-0822-0

144 Johann Zajaczkowski | Russland – eine pragmatische Großmacht? Eine rollentheoretische Untersuchung russischer Außenpolitik am Beispiel der Zusammenarbeit mit den USA nach 9/11 und des Georgienkrieges von 2008 | Mit einem Vorwort von Siegfried Schieder | ISBN 978-3-8382-0837-4

145 Boris Popivanov | Changing Images of the Left in Bulgaria. The Challenge of Post-Communism in the Early 21st Century | ISBN 978-3-8382-0667-7

146 Lenka Krátká | A History of the Czechoslovak Ocean Shipping Company 1948-1989. How a Small, Landlocked Country Ran Maritime Business During the Cold War | ISBN 978-3-8382-0666-0

147 Alexander Sergunin | Explaining Russian Foreign Policy Behavior. Theory and Practice | ISBN 978-3-8382-0752-0

148 Darya Malyutina | Migrant Friendships in a Super-Diverse City. Russian-Speakers and their Social Relationships in London in the 21st Century | With a foreword by Claire Dwyer | ISBN 978-3-8382-0652-3

149 Alexander Sergunin, Valery Konyshev | Russia in the Arctic. Hard or Soft Power? | ISBN 978-3-8382-0753-7

150 John J. Maresca | Helsinki Revisited. A Key U.S. Negotiator's Memoirs on the Development of the CSCE into the OSCE | With a foreword by Hafiz Pashayev | ISBN 978-3-8382-0852-7

151 Jardar Østbø | The New Third Rome. Readings of a Russian Nationalist Myth | With a foreword by Pål Kolstø | ISBN 978-3-8382-0870-1

152 Simon Kordonsky | Socio-Economic Foundations of the Russian Post-Soviet Regime. The Resource-Based Economy and Estate-Based Social Structure of Contemporary Russia | With a foreword by Svetlana Barsukova | ISBN 978-3-8382-0775-9

153 Duncan Leitch | Assisting Reform in Post-Communist Ukraine 2000–2012. The Illusions of Donors and the Disillusion of Beneficiaries | With a foreword by Kataryna Wolczuk | ISBN 978-3-8382-0844-2

154 Abel Polese | Limits of a Post-Soviet State. How Informality Replaces, Renegotiates, and Reshapes Governance in Contemporary Ukraine | With a foreword by Colin Williams | ISBN 978-3-8382-0845-9

155 Mikhail Suslov (Ed.) | Digital Orthodoxy in the Post-Soviet World. The Russian Orthodox Church and Web 2.0 | With a foreword by Father Cyril Hovorun | ISBN 978-3-8382-0871-8

156 Leonid Luks | Zwei „Sonderwege"? Russisch-deutsche Parallelen und Kontraste (1917-2014). Vergleichende Essays | ISBN 978-3-8382-0823-7

157 Vladimir V. Karacharovskiy, Ovsey I. Shkaratan, Gordey A. Yastrebov | Towards a New Russian Work Culture. Can Western Companies and Expatriates Change Russian Society? | With a foreword by Elena N. Danilova | Translated by Julia Kazantseva | ISBN 978-3-8382-0902-9

158 Edmund Griffiths | Aleksandr Prokhanov and Post-Soviet Esotericism | ISBN 978-3-8382-0963-0

159 Timm Beichelt, Susann Worschech (Eds.) | Transnational Ukraine? Networks and Ties that Influence(d) Contemporary Ukraine | ISBN 978-3-8382-0944-9

160 Mieste Hotopp-Riecke | Die Tataren der Krim zwischen Assimilation und Selbstbehauptung. Der Aufbau des krimtatarischen Bildungswesens nach Deportation und Heimkehr (1990-2005) | Mit einem Vorwort von Swetlana Czerwonnaja | ISBN 978-3-89821-940-2

161 Olga Bertelsen (Ed.) | Revolution and War in Contemporary Ukraine. The Challenge of Change | ISBN 978-3-8382-1016-2

162 Natalya Ryabinska | Ukraine's Post-Communist Mass Media. Between Capture and Commercialization | With a foreword by Marta Dyczok | ISBN 978-3-8382-1011-7

163 Alexandra Cotofana, James M. Nyce (Eds.) | Religion and Magic in Socialist and Post-Socialist Contexts. Historic and Ethnographic Case Studies of Orthodoxy, Heterodoxy, and Alternative Spirituality | With a foreword by Patrick L. Michelson | ISBN 978-3-8382-0989-0

164 Nozima Akhrarkhodjaeva | The Instrumentalisation of Mass Media in Electoral Authoritarian Regimes. Evidence from Russia's Presidential Election Campaigns of 2000 and 2008 | ISBN 978-3-8382-1013-1

165 Yulia Krasheninnikova | Informal Healthcare in Contemporary Russia. Sociographic Essays on the Post-Soviet Infrastructure for Alternative Healing Practices | ISBN 978-3-8382-0970-8

166 Peter Kaiser | Das Schachbrett der Macht. Die Handlungsspielräume eines sowjetischen Funktionärs unter Stalin am Beispiel des Generalsekretärs des Komsomol Aleksandr Kosarev (1929-1938) | Mit einem Vorwort von Dietmar Neutatz | ISBN 978-3-8382-1052-0

167 Oksana Kim | The Effects and Implications of Kazakhstan's Adoption of International Financial Reporting Standards. A Resource Dependence Perspective | With a foreword by Svetlana Vlady | ISBN 978-3-8382-0987-6

168 *Anna Sanina* | Patriotic Education in Contemporary Russia. Sociological Studies in the Making of the Post-Soviet Citizen | With a foreword by Anna Oldfield | ISBN 978-3-8382-0993-7

169 *Rudolf Wolters* | Spezialist in Sibirien Faksimile der 1933 erschienenen ersten Ausgabe | Mit einem Vorwort von Dmitrij Chmelnizki | ISBN 978-3-8382-0515-1

170 *Michal Vít, Magdalena M. Baran (Eds.)* | Transregional versus National Perspectives on Contemporary Central European History. Studies on the Building of Nation-States and Their Cooperation in the 20th and 21st Century | With a foreword by Petr Vágner | ISBN 978-3-8382-1015-5

171 *Philip Gamaghelyan* | Conflict Resolution Beyond the International Relations Paradigm. Evolving Designs as a Transformative Practice in Nagorno-Karabakh and Syria | With a foreword by Susan Allen | ISBN 978-3-8382-1057-5

172 *Maria Shagina* | Joining a Prestigious Club. Cooperation with Europarties and Its Impact on Party Development in Georgia, Moldova, and Ukraine 2004–2015 | With a foreword by Kataryna Wolczuk | ISBN 978-3-8382-1084-1

173 *Alexandra Cotofana, James M. Nyce (Eds.)* | Religion and Magic in Socialist and Post-Socialist Contexts II. Baltic, Eastern European, and Post-USSR Case Studies | With a foreword by Anita Stasulane | ISBN 978-3-8382-0990-6

174 *Barbara Kunz* | Kind Words, Cruise Missiles, and Everything in Between. The Use of Power Resources in U.S. Policies towards Poland, Ukraine, and Belarus 1989–2008 | With a foreword by William Hill | ISBN 978-3-8382-1065-0

175 *Eduard Klein* | Bildungskorruption in Russland und der Ukraine. Eine komparative Analyse der Performanz staatlicher Antikorruptionsmaßnahmen im Hochschulsektor am Beispiel universitärer Aufnahmeprüfungen | Mit einem Vorwort von Heiko Pleines | ISBN 978-3-8382-0995-1

176 *Markus Soldner* | Politischer Kapitalismus im postsowjetischen Russland. Die politische, wirtschaftliche und mediale Transformation in den 1990er Jahren | Mit einem Vorwort von Wolfgang Ismayr | ISBN 978-3-8382-1222-7

177 *Anton Oleinik* | Building Ukraine from Within. A Sociological, Institutional, and Economic Analysis of a Nation-State in the Making | ISBN 978-3-8382-1150-3

178 *Peter Rollberg, Marlene Laruelle (Eds.)* | Mass Media in the Post-Soviet World. Market Forces, State Actors, and Political Manipulation in the Informational Environment after Communism | ISBN 978-3-8382-1116-9

179 *Mikhail Minakov* | Development and Dystopia. Studies in Post-Soviet Ukraine and Eastern Europe | With a foreword by Alexander Etkind | ISBN 978-3-8382-1112-1

180 *Aijan Sharshenova* | The European Union's Democracy Promotion in Central Asia. A Study of Political Interests, Influence, and Development in Kazakhstan and Kyrgyzstan in 2007–2013 | With a foreword by Gordon Crawford | ISBN 978-3-8382-1151-0

181 *Andrey Makarychev, Alexandra Yatsyk (Eds.)* | Boris Nemtsov and Russian Politics. Power and Resistance | With a foreword by Zhanna Nemtsova | ISBN 978-3-8382-1122-0

182 *Sophie Falsini* | The Euromaidan's Effect on Civil Society. Why and How Ukrainian Social Capital Increased after the Revolution of Dignity | With a foreword by Susann Worschech | ISBN 978-3-8382-1131-2

183 *Valentyna Romanova, Andreas Umland (Eds.)* | Ukraine's Decentralization. Challenges and Implications of the Local Governance Reform after the Euromaidan Revolution | ISBN 978-3-8382-1162-6

184 *Leonid Luks* | A Fateful Triangle. Essays on Contemporary Russian, German and Polish History | ISBN 978-3-8382-1143-5

185 *John B. Dunlop* | The February 2015 Assassination of Boris Nemtsov and the Flawed Trial of his Alleged Killers. An Exploration of Russia's "Crime of the 21st Century" | ISBN 978-3-8382-1188-6

186 *Vasile Rotaru* | Russia, the EU, and the Eastern Partnership. Building Bridges or Digging Trenches? | ISBN 978-3-8382-1134-3

187 *Marina Lebedeva* | Russian Studies of International Relations. From the Soviet Past to the Post-Cold-War Present | With a foreword by Andrei P. Tsygankov | ISBN 978-3-8382-0851-0

188 *Tomasz Stępniewski, George Soroka (Eds.)* | Ukraine after Maidan. Revisiting Domestic and Regional Security | ISBN 978-3-8382-1075-9

189 *Petar Cholakov* | Ethnic Entrepreneurs Unmasked. Political Institutions and Ethnic Conflicts in Contemporary Bulgaria | ISBN 978-3-8382-1189-3

190 *A. Salem, G. Hazeldine, D. Morgan (Eds.)* | Higher Education in Post-Communist States. Comparative and Sociological Perspectives | ISBN 978-3-8382-1183-1

191 *Igor Torbakov* | After Empire. Nationalist Imagination and Symbolic Politics in Russia and Eurasia in the Twentieth and Twenty-First Century | With a foreword by Serhii Plokhy | ISBN 978-3-8382-1217-3

192 *Aleksandr Burakovskiy* | Jewish-Ukrainian Relations in Late and Post-Soviet Ukraine. Articles, Lectures and Essays from 1986 to 2016 | ISBN 978-3-8382-1210-4

193 *Natalia Shapovalova, Olga Burlyuk (Eds.)* | Civil Society in Post-Euromaidan Ukraine. From Revolution to Consolidation | With a foreword by Richard Youngs | ISBN 978-3-8382-1216-6

194 *Franz Preissler* | Positionsverteidigung, Imperialismus oder Irredentismus? Russland und die „Russischsprachigen", 1991–2015 | ISBN 978-3-8382-1262-3

195 *Marian Madeła* | Der Reformprozess in der Ukraine 2014-2017. Eine Fallstudie zur Reform der öffentlichen Verwaltung | Mit einem Vorwort von Martin Malek | ISBN 978-3-8382-1266-1

196 *Anke Giesen* | „Wie kann denn der Sieger ein Verbrecher sein?" Eine diskursanalytische Untersuchung der russlandweiten Debatte über Konzept und Verstaatlichungsprozess der Lagergedenkstätte „Perm'-36" im Ural | ISBN 978-3-8382-1284-5

197 *Victoria Leukavets* | The Integration Policies of Belarus and Ukraine vis-à-vis the EU and Russia. A Comparative Analysis Through the Prism of a Two-Level Game Approach | ISBN 978-3-8382-1247-0

198 *Oksana Kim* | The Development and Challenges of Russian Corporate Governance I. The Roles and Functions of Boards of Directors | With a foreword by Sheila M. Puffer | ISBN 978-3-8382-1287-6

199 *Thomas D. Grant* | International Law and the Post-Soviet Space I. Essays on Chechnya and the Baltic States | With a foreword by Stephen M. Schwebel | ISBN 978-3-8382-1279-1

200 *Thomas D. Grant* | International Law and the Post-Soviet Space II. Essays on Ukraine, Intervention, and Non-Proliferation | ISBN 978-3-8382-1280-7

201 *Slavomír Michálek, Michal Štefansky* | The Age of Fear. The Cold War and Its Influence on Czechoslovakia 1945–1968 | ISBN 978-3-8382-1285-2

202 *Iulia-Sabina Joja* | Romania's Strategic Culture 1990–2014. Continuity and Change in a Post-Communist Country's Evolution of National Interests and Security Policies | With a foreword by Heiko Biehl | ISBN 978-3-8382-1286-9

203 *Andrei Rogatchevski, Yngvar B. Steinholt, Arve Hansen, David-Emil Wickström* | War of Songs. Popular Music and Recent Russia-Ukraine Relations | With a foreword by Artemy Troitsky | ISBN 978-3-8382-1173-2

204 *Maria Lipman (Ed.)* | Russian Voices on Post-Crimea Russia. An Almanac of Counterpoint Essays from 2015–2018 | ISBN 978-3-8382-1251-7

205 *Ksenia Maksimovtsova* | Language Conflicts in Contemporary Estonia, Latvia, and Ukraine. A Comparative Exploration of Discourses in Post-Soviet Russian-Language Digital Media | With a foreword by Ammon Cheskin | ISBN 978-3-8382-1282-1

206 *Michal Vít* | The EU's Impact on Identity Formation in East-Central Europe between 2004 and 2013. Perceptions of the Nation and Europe in Political Parties of the Czech Republic, Poland, and Slovakia | With a foreword by Andrea Pető | ISBN 978-3-8382-1275-3

207 *Per A. Rudling* | Tarnished Heroes. The Organization of Ukrainian Nationalists in the Memory Politics of Post-Soviet Ukraine | ISBN 978-3-8382-0999-9

208 *Kaja Gadowska, Peter Solomon (Eds.)* | Legal Change in Post-Communist States. Progress, Reversions, Explanations | ISBN 978-3-8382-1312-5

209 *Paweł Kowal, Georges Mink, Iwona Reichardt (Eds.)* | Three Revolutions: Mobilization and Change in Contemporary Ukraine I. Theoretical Aspects and Analyses on Religion, Memory, and Identity | ISBN 978-3-8382-1321-7

210 *Paweł Kowal, Georges Mink, Adam Reichardt, Iwona Reichardt (Eds.)* | Three Revolutions: Mobilization and Change in Contemporary Ukraine II. An Oral History of the Revolution on Granite, Orange Revolution, and Revolution of Dignity | ISBN 978-3-8382-1323-1

211 *Li Bennich-Björkman, Sergiy Kurbatov (Eds.)* | When the Future Came. The Collapse of the USSR and the Emergence of National Memory in Post-Soviet History Textbooks | ISBN 978-3-8382-1335-4

212 *Olga R. Gulina* | Migration as a (Geo-)Political Challenge in the Post-Soviet Space. Border Regimes, Policy Choices, Visa Agendas | With a foreword by Nils Muižnieks | ISBN 978-3-8382-1338-5

213 *Sanna Turoma, Kaarina Aitamurto, Slobodanka Vladiv-Glover (Eds.)* | Religion, Expression, and Patriotism in Russia. Essays on Post-Soviet Society and the State. ISBN 978-3-8382-1346-0

214 *Vasif Huseynov* | Geopolitical Rivalries in the "Common Neighborhood". Russia's Conflict with the West, Soft Power, and Neoclassical Realism | With a foreword by Nicholas Ross Smith | ISBN 978-3-8382-1277-7

215 *Mikhail Suslov* | Geopolitical Imagination. Ideology and Utopia in Post-Soviet Russia | With a foreword by Mark Bassin | ISBN 978-3-8382-1361-3

216 *Alexander Etkind, Mikhail Minakov (Eds.)* | Ideology after Union. Political Doctrines, Discourses, and Debates in Post-Soviet Societies | ISBN 978-3-8382-1388-0

217 *Jakob Mischke, Oleksandr Zabirko (Hgg.)* | Protestbewegungen im langen Schatten des Kreml. Aufbruch und Resignation in Russland und der Ukraine | ISBN 978-3-8382-0926-5

218 *Oksana Huss* | How Corruption and Anti-Corruption Policies Sustain Hybrid Regimes. Strategies of Political Domination under Ukraine's Presidents in 1994-2014 | With a foreword by Tobias Debiel and Andrea Gawrich | ISBN 978-3-8382-1430-6

219 *Dmitry Travin, Vladimir Gel'man, Otar Marganiya* | The Russian Path. Ideas, Interests, Institutions, Illusions | With a foreword by Vladimir Ryzhkov | ISBN 978-3-8382-1421-4

220 *Gergana Dimova* | Political Uncertainty. A Comparative Exploration | With a foreword by Todor Yalamov and Rumena Filipova | ISBN 978-3-8382-1385-9

221 *Torben Waschke* | Russland in Transition. Geopolitik zwischen Raum, Identität und Machtinteressen | Mit einem Vorwort von Andreas Dittmann | ISBN 978-3-8382-1480-1

222 *Steven Jobbitt, Zsolt Bottlik, Marton Berki (Eds.)* | Power and Identity in the Post-Soviet Realm. Geographies of Ethnicity and Nationality after 1991 | ISBN 978-3-8382-1399-6

223 *Daria Buteiko* | Erinnerungsort. Ort des Gedenkens, der Erholung oder der Einkehr? Kommunismus-Erinnerung am Beispiel der Gedenkstätte Berliner Mauer sowie des Soloveckij-Klosters und -Museumsparks | ISBN 978-3-8382-1367-5

224 *Olga Bertelsen (Ed.)* | Russian Active Measures. Yesterday, Today, Tomorrow | With a foreword by Jan Goldman | ISBN 978-3-8382-1529-7

225 *David Mandel* | "Optimizing" Higher Education in Russia. University Teachers and their Union "Universitetskaya solidarnost'" | ISBN 978-3-8382-1519-8

226 *Mikhail Minakov, Gwendolyn Sasse, Daria Isachenko (Eds.)* | Post-Soviet Secessionism. Nation-Building and State-Failure after Communism | ISBN 978-3-8382-1538-9

227 *Jakob Hauter (Ed.)* | Civil War? Interstate War? Hybrid War? Dimensions and Interpretations of the Donbas Conflict in 2014–2020 | With a foreword by Andrew Wilson | ISBN 978-3-8382-1383-5

228 *Tima T. Moldogaziev, Gene A. Brewer, J. Edward Kellough (Eds.)* | Public Policy and Politics in Georgia. Lessons from Post-Soviet Transition | With a foreword by Dan Durning | ISBN 978-3-8382-1535-8

229 *Oxana Schmies (Ed.)* | NATO's Enlargement and Russia. A Strategic Challenge in the Past and Future | With a foreword by Vladimir Kara-Murza | ISBN 978-3-8382-1478-8

230 *Christopher Ford* | Ukapisme – Une Gauche perdue. Le marxisme anti-colonial dans la révolution ukrainienne 1917-1925 | Avec une préface de Vincent Présumey | ISBN 978-3-8382-0899-2

231 *Anna Kutkina* | Between Lenin and Bandera. Decommunization and Multivocality in Post-Euromaidan Ukraine | With a foreword by Juri Mykkänen | ISBN 978-3-8382-1506-8

232 *Lincoln E. Flake* | Defending the Faith. The Russian Orthodox Church and the Demise of Religious Pluralism | With a foreword by Peter Martland | ISBN 978-3-8382-1378-1

233 *Nikoloz Samkharadze* | Russia's Recognition of the Independence of Abkhazia and South Ossetia. Analysis of a Deviant Case in Moscow's Foreign Policy | With a foreword by Neil MacFarlane | ISBN 978-3-8382-1414-6

234 *Arve Hansen* | Urban Protest. A Spatial Perspective on Kyiv, Minsk, and Moscow | With a foreword by Julie Wilhelmsen | ISBN 978-3-8382-1495-5

235 *Eleonora Narvselius, Julie Fedor (Eds.)* | Diversity in the East-Central European Borderlands. Memories, Cityscapes, People | ISBN 978-3-8382-1523-5

236 *Regina Elsner* | The Russian Orthodox Church and Modernity. A Historical and Theological Investigation into Eastern Christianity between Unity and Plurality | With a foreword by Mikhail Suslov | ISBN 978-3-8382-1568-6

237 *Bo Petersson* | The Putin Predicament. Problems of Legitimacy and Succession in Russia | With a foreword by J. Paul Goode | ISBN 978-3-8382-1050-6

238 *Jonathan Otto Pohl* | The Years of Great Silence. The Deportation, Special Settlement, and Mobilization into the Labor Army of Ethnic Germans in the USSR, 1941–1955 | ISBN 978-3-8382-1630-0

239 *Mikhail Minakov (Ed.)* | Inventing Majorities. Ideological Creativity in Post-Soviet Societies | ISBN 978-3-8382-1641-6

240 *Robert M. Cutler* | Soviet and Post-Soviet Foreign Policies I. East-South Relations and the Political Economy of the Communist Bloc, 1971–1991 | With a foreword by Roger E. Kanet | ISBN 978-3-8382-1654-6

241 *Izabella Agardi* | On the Verge of History. Life Stories of Rural Women from Serbia, Romania, and Hungary, 1920–2020 | With a foreword by Andrea Pető | ISBN 978-3-8382-1602-7

242 *Sebastian Schäffer (Ed.)* | Ukraine in Central and Eastern Europe. Kyiv's Foreign Affairs and the International Relations of the Post-Communist Region | With a foreword by Pavlo Klimkin and Andreas Umland| ISBN 978-3-8382-1615-7

243 *Volodymyr Dubrovskyi, Kalman Mizsei, Mychailo Wynnyckyj (Eds.)* | Eight Years after the Revolution of Dignity. What Has Changed in Ukraine during 2013–2021? | With a foreword by Yaroslav Hrytsak | ISBN 978-3-8382-1560-0

244 *Rumena Filipova* | Constructing the Limits of Europe Identity and Foreign Policy in Poland, Bulgaria, and Russia since 1989 | With forewords by Harald Wydra and Gergana Yankova-Dimova | ISBN 978-3-8382-1649-2

245 *Oleksandra Keudel* | How Patronal Networks Shape Opportunities for Local Citizen Participation in a Hybrid Regime A Comparative Analysis of Five Cities in Ukraine | With a foreword by Sabine Kropp | ISBN 978-3-8382-1671-3

246 *Jan Claas Behrends, Thomas Lindenberger, Pavel Kolar (Eds.)* | Violence after Stalin Institutions, Practices, and Everyday Life in the Soviet Bloc 1953–1989 | ISBN 978-3-8382-1637-9

247 *Leonid Luks* | Macht und Ohnmacht der Utopien Essays zur Geschichte Russlands im 20. und 21. Jahrhundert | ISBN 978-3-8382-1677-5

248 *Iuliia Barshadska* | Brüssel zwischen Kyjiw und Moskau Das auswärtige Handeln der Europäischen Union im ukrainisch-russischen Konflikt 2014-2019 | Mit einem Vorwort von Olaf Leiße | ISBN 978-3-8382-1667-6

249 *Valentyna Romanova* | Decentralisation and Multilevel Elections in Ukraine Reform Dynamics and Party Politics in 2010–2021 | With a foreword by Kimitaka Matsuzato | ISBN 978-3-8382-1700-0

250 *Alexander Motyl* | National Questions. Theoretical Reflections on Nations and Nationalism in Eastern Europe | ISBN 978-3-8382-1675-1

251 *Marc Dietrich* | A Cosmopolitan Model for Peacebuilding. The Ukrainian Cases of Crimea and the Donbas | With a foreword by Rémi Baudouï | ISBN 978-3-8382-1687-4

252 *Eduard Baidaus* | An Unsettled Nation. Moldova in the Geopolitics of Russia, Romania, and Ukraine | With forewords by John-Paul Himka and David R. Marples | ISBN 978-3-8382-1582-2

253 *Igor Okunev, Petr Oskolkov (Eds.)* | Transforming the Administrative Matryoshka. The Reform of Autonomous Okrugs in the Russian Federation, 2003–2008 | With a foreword by Vladimir Zorin | ISBN 978-3-8382-1721-5

254 *Winfried Schneider-Deters* | Ukraine's Fateful Years 2013–2019. Vol. I: The Popular Uprising in Winter 2013/2014 | ISBN 978-3-8382-1725-3

255 *Winfried Schneider-Deters* | Ukraine's Fateful Years 2013–2019. Vol. II: The Annexation of Crimea and the War in Donbas | ISBN 978-3-8382-1726-0

256 *Robert M. Cutler* | Soviet and Post-Soviet Russian Foreign Policies II. East-West Relations in Europe and the Political Economy of the Communist Bloc, 1971–1991 | With a foreword by Roger E. Kanet | ISBN 978-3-8382-1727-7

257 *Robert M. Cutler* | Soviet and Post-Soviet Russian Foreign Policies III. East-West Relations in Europe and Eurasia in the Post-Cold War Transition, 1991–2001 | With a foreword by Roger E. Kanet | ISBN 978-3-8382-1728-4

258 *Paweł Kowal, Iwona Reichardt, Kateryna Pryshchepa (Eds.)* | Three Revolutions: Mobilization and Change in Contemporary Ukraine III. Archival Records and Historical Sources on the 1990 Revolution on Granite | ISBN 978-3-8382-1376-7

259 *Mikhail Minakov (Ed.)* | Philosophy Unchained. Developments in Post-Soviet Philosophical Thought. | With a foreword by Christopher Donohue | ISBN 978-3-8382-1768-0

260 *David Dalton* | The Ukrainian Oligarchy After the Euromaidan. How Ukraine's Political Economy Regime Survived the Crisis | With a foreword by Andrew Wilson | ISBN 978-3-8382-1740-6

261 *Andreas Heinemann-Grüder (Ed.)* | Who Are the Fighters? Irregular Armed Groups in the Russian-Ukrainian War since 2014 | ISBN 978-3-8382-1777-2

262 *Taras Kuzio (Ed.)* | Russian Disinformation and Western Scholarship. Bias and Prejudice in Journalistic, Expert, and Academic Analyses of East European, Russian and Eurasian Affairs | ISBN 978-3-8382-1685-0

263 *Darius Furmonavicius* | LithuaniaTransforms the West. Lithuania's Liberation from Soviet Occupation and the Enlargement of NATO (1988–2022) | With a foreword by Vytautas Landsbergis | ISBN 978-3-8382-1779-6

264 *Dirk Dalberg* | Politisches Denken im tschechoslowakischen Dissens. Egon Bondy, Miroslav Kusý, Milan Šimečka und Petr Uhl (1968-1989) | ISBN 978-3-8382-1318-7

265 *Леонид Люкс | К столетию «философского парохода».* Мыслители «первой» русской эмиграции о русской революции и о тоталитарных соблазнах XX века | ISBN 978-3-8382-1775-8

266 *Daviti Mtchedlishvili | The EU and the South Caucasus.* European Neighborhood Policies between Eclecticism and Pragmatism, 1991-2021 | With a foreword by Nicholas Ross Smith | ISBN 978-3-8382-1735-2

267 *Bohdan Harasymiw | Post-Euromaidan Ukraine.* Domestic Power Struggles and War of National Survival in 2014–2022 | ISBN 978-3-8382-1798-7

268 *Nadiia Koval, Denys Tereshchenko (Eds.) | Russian Cultural Diplomacy under Putin.* Rossotrudnichestvo, the "Russkiy Mir" Foundation, and the Gorchakov Fund in 2007–2022 | ISBN 978-3-8382-1801-4

269 *Izabela Kazejak | Jews in Post-War Wrocław and L'viv.* Official Policies and Local Responses in Comparative Perspective, 1945-1970s | ISBN 978-3-8382-1802-1

270 *Jakob Hauter | Russia's Overlooked Invasion.* The Causes of the 2014 Outbreak of War in Ukraine's Donbas | With a foreword by Hiroaki Kuromiya | ISBN 978-3-8382-1803-8

271 *Anton Shekhovtsov | Russian Political Warfare.* Essays on Kremlin Propaganda in Europe and the Neighbourhood, 2020-2023 | With a foreword by Nathalie Loiseau | ISBN 978-3-8382-1821-2

272 *Андреа Пето | Насилие и Молчание.* Красная армия в Венгрии во Второй Мировой войне | ISBN 978-3-8382-1636-2

273 *Winfried Schneider-Deters | Russia's War in Ukraine.* Debates on Peace, Fascism, and War Crimes, 2022–2023 | With a foreword by Klaus Gestwa | ISBN 978-3-8382-1876-2

274 *Rasmus Nilsson | Uncanny Allies.* Russia and Belarus on the Edge, 2012-2024 | ISBN 978-3-8382-1288-3

275 *Anton Grushetskyi, Volodymyr Paniotto | War and the Transformation of Ukrainian Society (2022–23).* Empirical Evidence | ISBN 978-3-8382-1944-8

276 *Christian Kaunert, Alex MacKenzie, Adrien Nonjon (Eds.) | In the Eye of the Storm.* Origins, Ideology, and Controversies of the Azov Brigade, 2014–23 | ISBN 978-3-8382-1750-5

277 *Gian Marco Moisé | The House Always Wins.* The Corrupt Strategies that Shaped Kazakh Oil Politics and Business in the Nazarbayev Era | With a foreword by Alena Ledeneva | ISBN 978-3-8382-1917-2

278 *Mikhail Minakov | The Post-Soviet Human* Philosophical Reflections on Social History after the End of Communism | ISBN 978-3-8382-1943-1

279 *Natalia Kudriavtseva, Debra A. Friedman (Eds.) | Language and Power in Ukraine and Kazakhstan.* Essays on Education, Ideology, Literature, Practice, and the Media | With a foreword by Laada Bilaniuk | ISBN 978-3-8382-1949-3

280 *Georges Mink, Iwona Reichardt (Eds.) | The End of the Soviet World?* Essays on Post-Communist Political and Social Change | With an afterword by Richardt Butterwick | ISBN 978-3-8382-1961-5

281 *Kateryna Zarembo, Michèle Knodt, Maksym Yakovlyev (Eds.) | Teaching IR in Wartime.* Experiences of University Lecturers during Russia's Full-Scale Invasion of Ukraine | ISBN 978-3-8382-1954-7

282 *Oleksiy V. Kresin | The United Nations General Assembly Resolutions.* Their Nature and Significance in the Context of the Russian War Against Ukraine | Edited by William E. Butler | ISBN 978-3-8382-1967-7

283 *Jakob Hauter | Russlands unbemerkte Invasion.* Die Ursachen des Kriegsausbruchs im ukrainischen Donbas im Jahr 2014 | Mit einem Vorwort von Hiroaki Kuromiya | ISBN 978-3-8382-2003-1

284 *„Alles kann sich ändern".* Letzte Worte politisch Angeklagter vor Gericht in Russland | Herausgegeben von Memorial Deutschland e.V. | ISBN 978-3-8382-1994-3

285 *Nadiya Kiss, Monika Wingender (Eds.) | Contested Language Diversity in Contemporary Ukraine.* National Minorities, Language Biographies, and Linguistic Landscape | ISBN 978-3-8382-1966-0

286 *Richard Ottinger (Ed.) | Religious Elements in the Russian War of Aggression Against Ukraine.* Propaganda, Religious Politics and Pastoral Care, 2014–2024 | ISBN 978-3-8382-1981-3

287 *Yuri Radchenko | Helping in Mass Murders.* Auxiliary Police, Indigenous Administration, SD, and the Shoa in the Ukrainian-Russian-Belorussian Borderlands, 1941–43 | With forewords by John-Paul Himka and Kai Struve | ISBN 978-3-8382-1878-6

288 *Zsofia Maria Schmidt | Hungary's System of National Cooperation.* Strategies of Framing in Pro-Governmental Media and Public Discourse, 2010–18 | With a foreword by Andreas Schmidt-Schweizer | ISBN 978-3-8382-1983-7

289 *Richard Ottinger (Hrsg.) | Religiöse Elemente im russischen Angriffskrieg gegen die Ukraine.* Propaganda, Religionspolitik und Seelsorge, 2014–2024 | ISBN 978-3-8382-1980-6